三全育人背景下中职生综合素养教育创新研究

宋燕华　陈夕杰　著

中国书籍出版社

图书在版编目 (CIP) 数据

三全育人背景下中职生综合素养教育创新研究 / 宋燕华, 陈夕杰著 . -- 北京：中国书籍出版社，2023.9
 ISBN 978-7-5068-9584-2

Ⅰ.①三… Ⅱ.①宋…②陈… Ⅲ.①素质教育 – 教学研究 – 中等专业学校 Ⅳ.① G718.3

中国国家版本馆 CIP 数据核字（2023）第 183988 号

三全育人背景下中职生综合素养教育创新研究

宋燕华　陈夕杰　著

丛书策划	谭　鹏　武　斌
责任编辑	李　新
责任印制	孙马飞　马　芝
封面设计	东方美迪
出版发行	中国书籍出版社
地　　址	北京市丰台区三路居路 97 号（邮编：100073）
电　　话	（010）52257143（总编室）　（010）52257140（发行部）
电子邮箱	eo@chinabp.com.cn
经　　销	全国新华书店
印　　厂	三河市德贤弘印务有限公司
开　　本	710 毫米 × 1000 毫米　1/16
字　　数	218 千字
印　　张	13.75
版　　次	2024 年 1 月第 1 版
印　　次	2024 年 1 月第 1 次印刷
书　　号	ISBN 978-7-5068-9584-2
定　　价	86.00 元

版权所有　翻印必究

目 录

第一章 绪 论 ·· 1
  第一节 三全育人理论解读 ································ 1
  第二节 中职生提升综合素养的意义 ···················· 2
  第三节 中职生综合素养的内容 ························· 4
  第四节 中职生综合素养现状分析 ······················ 8
  第五节 中职生综合素养提升的路径分析 ············ 10

第二章 三全育人背景下的中职生职业生涯规划教育 ······· 28
  第一节 职业生涯规划简述 ······························ 28
  第二节 中职生职业生涯规划的影响因素及意义 ···· 35
  第三节 中职生职业生涯规划能力提升路径 ·········· 40

第三章 三全育人背景下的中职生就业指导教育 ············ 54
  第一节 中职生的就业权益与法律保障 ··············· 54
  第二节 中职生的就业准备与就业技巧 ··············· 58
  第三节 中职生就业能力的提升路径 ·················· 65

第四章 三全育人背景下的中职生创新创业教育 ············ 75
  第一节 中职生创新创业的影响因素 ·················· 75
  第二节 中职生创新创业能力的内容 ·················· 78
  第三节 中职生创新创业能力的提升路径 ············ 93

第五章 三全育人背景下的中职生劳动教育 ················ 105
  第一节 劳动与劳动教育 ································ 105
  第二节 中职生劳动教育体系的构建与实施 ········ 108
  第三节 中职生劳动精神的培育 ······················ 119
  第四节 中职生劳动教育的践行 ······················ 130

第六章 三全育人背景下的中职生心理健康教育 ……………… 143
第一节 中职生心理健康教育简述 ……………… 143
第二节 中职生常见心理问题与表现 ……………… 145
第三节 中职生心理问题的调适策略 ……………… 150

第七章 三全育人背景下的中职生法治教育 ……………… 159
第一节 法治教育的一般理论 ……………… 159
第二节 法治观念对中职生法治教育的启示 ……………… 163
第三节 中职生法治教育的路径 ……………… 168

第八章 三全育人背景下中职生其他层面的教育 ……………… 176
第一节 中职生中华优秀传统文化教育 ……………… 176
第二节 中职生网络教育 ……………… 179
第三节 中职生社会实践教育 ……………… 187
第四节 中职生历史教育 ……………… 189

第九章 三全育人背景下中职生综合素养评价体系建构 ……………… 193
第一节 评价体系简述 ……………… 193
第二节 中职生综合素养评价的原则 ……………… 198
第三节 中职生综合素养评价的策略 ……………… 200
第四节 中职生综合素养评价的指标内容 ……………… 202
第五节 中职生综合素养评价的程序方案 ……………… 205

参考文献 ……………… 209

第一章 绪 论

职业院校以培养专业技术人才为出发点,于学生而言更强调其实践能力,于学校建设而言更强化阵地育人作用,于国家和社会而言更需担负起培养一线人才的重任。然而,从目前我国职业院校教育发展的现实情况来看,部分院校存在顶层设计乏力、形式相对单一、教育合力不充分等需改进之处。"三全育人"体系是教育开展落地的重要依托。健全相对完善的、能充分发挥"三全育人"效果的教育体系对学校、社会发展有深刻的现实意义。

第一节 三全育人理论解读

"全员育人"即人人育人,强调的是育人的主体范畴,指学校要调动全体教职员工参与学生教育和管理,形成齐抓共管的局面。强调学校、家庭与社会之间的合作,旨在形成教育合力,共同促进学生的成长和发展。对中职而言,育人不是单打独斗的个人行为,其育人主体不应仅限于给学生日常授课、与学生日常接触较多的辅导员、班主任、专任教师,也应当包括党政干部、教辅人员和服务人员。事实上,在中职工作的全体教职工都应发自内心树立"人人都是育人主体"的思想意识并落实到具体的行为范畴,从工作到生活、从课内到课外、从线上到线下,分工合作、发挥所长。值得注意的是,育人的主体也应当包括学生自己,学生既是被教育的对象,也是自我教育的主体。

"全程育人"即全过程育人,强调的是育人的时间范畴,是指要关注学生的整个成长过程,并根据学生的不同阶段和特点进行有针对性教育。随着学生的成长变化,学校要面向不同时段、不同类型的学生采取适当的教育方式。从时间跨度上来说,育人的时间范围应当涵盖其入学、就学、毕业、就业全过程;从个体差异来说,应当注重学生身体、心理各方面的成长需要。此外,也要关注到学生除了学习之外是否存在生活上的问题,聆听心声、提供帮助,更加有针对性地达到育人效果。

"全方位育人"即处处育人,强调的是育人的空间范畴,指在教育过程中,不仅注重学生知识掌握,还要关注学生的品德、能力、兴趣、心理健康等全方位发展。首先肯定要充分发挥课堂教学的主阵地作用,但也要挖掘和利用好其他各种校外教育资源,如打造校内小课堂、校外大课堂联动的授课形式,实现育人成效最大化。

三者之间的关系可以概括为一体三点:在育人视域下是紧密联系的一体,但侧重点有所不同,其中"全员"是基础,"全程"是载体,"全方位"是保障,三者相互联系、密不可分。

第二节 中职生提升综合素养的意义

一、综合素养的提出和发展

在从工业时代向知识经济时代转变的过程中,人们开始意识到,伴随着时代的发展,传统的"知识劳动者"将不能适应未来社会的需求,未来的劳动者要具备必备的品格和综合素养,早在1996年,联合国教科文组织国际21世纪教育委员会公布的《教育——财富蕴藏其中》就提出了类似综合素养的体系:学会认知、学会做事、学会共处、学会做人。在我国,发展学生综合素养的提出,是伴随着课程改革的进阶而逐步明确的。从1978年提出"基本普及九年义务教育和基本扫除青壮年文盲"的双基到2001年提出"知识与技能、过程与方法、情感态度与价值观"的三维目标,2015年3月30日教育部首次提出了综合素养体系这个概念,2016年综合素养总体框架出台,包括1个综合、3大维度、6个综合要素、18个基本要点。

二、中职学生综合素养

综合素养是指个人发展和职业活动中关键的、不可缺失的品质、能力、才干及精神面貌等共同素养的总和。所谓"中职学生发展综合素养",主要是指中职阶段学生应具备的,能够适应社会发展需要,实现个人终身发展的必备品格和关键能力。中职生的综合素养是学生知识、技能、情感、态度、价值观等多方面的综合表现,是学生在德、智、体、美、劳教育过程中养成的综合品质。发展中职学生的综合素养,落实学校教育"立德树人"的根本任务,回答"培养什么人""怎样培养人"的教育之问。中职教育的主要任务就是把学生培养成为爱国守法、明礼诚信、具有强大责任感和使命感的社会公民,在职业活动中能立足社会发展、积极进取、诚实守信、敬业乐群,成为具有良好职业素养和创业精神的高素养劳动者。从学生个体发展层面来讲,发展中职学生的综合素养的主要任务就是要积极引导学生全面健康地发展,完善人格,打造自己的综合竞争力。

三、中职生综合素养提升的意义体现

个人的综合素养是指每个人自身所具备的外在的形象形态、心理状态、生理状态、内在气质涵养等较为稳定的特征,主要是指一个人在认知社会、处理问题、分析事情等方面的潜能和现实的能力。我国的学校学生手册的相关规定指出中职生的基本素养包括政治思想道德素养、社会历史等综合文化素养、健康身体素养、良好的积极心理素养和专业技术技能素养,其中社会文化历史等综合文化素质是基础。

中职院校教育培养的学生应该是德、智、体、美、劳全面协调发展的具有高素养的现代技能人才,而不是只有某项单一技术技能而没有长期发展潜能的工具人,高素养技能应用型技术人才的主要内涵是实现学生的全面发展。因此,既要注重培养学生本专业的职业能力,更要关注培养学生的综合素养。现阶段中等教育已经进入大众化教育时期,培养具有较高的思想道德素养、学科专业素养、人文素养、健康身心素养的人才,提高中职生的综合素养具有十分重要的意义。

第三节　中职生综合素养的内容

一、中职生思想教育

通过思想政治教育工作使广大中职生培养良好的个人品德、强烈的爱国主义、高度的社会责任感、勤奋上进、诚实守信等良好的品行,树立将个人发展前途与国家命运紧密联系在一起的信念和理想。中职院校要结合时代主旋律,以社会主义核心价值观为载体,开展丰富多彩的道德主题教育和实践活动,强化爱国主义教育、基本道德行为规范教育、法制教育。在日常的校园学习生活中,通过倡导做一件好事、做一个有教养有品德的好青年等活动,培育和践行社会主义核心价值观,积极培育学生的良好品格、健全人格、健康心态、理性思维。积极开展诚信教育、民族精神教育,培养中职生良好的法治意识、爱国情操、人文素养、科学素养、诚信意识、民族精神。在每学期都至少开展一次思想政治道德主题教育,定期举行专题报告、红色影视剧展播,依托重大节日组织有思政主题的参观实践教育活动,形成校级、院级、班级多层次的思想政治教育的良好氛围,培育学生从小事做起、从我做起的实践机制。

二、中职生心理健康教育

以学生心理健康教育为基础,建立心理危机干预机制和学生健康人格培育体系,促进中职生心理健康和身体健康的全面提升,塑造学生强健的身体和高尚的人格。良好的心理素养有利于学生形成坚强意志和对外界困难的耐受力,克服自卑心理,从而能更好地面对未来的挑战。

结合学生学习生活实际分析讲授心理健康知识,对学生遇到的心理困惑及时提供辅导咨询,开展丰富多彩的心理健康互动实践活动,帮助心理有欠缺的学生完善自我、克服缺点,提升他们的自我心理调整能力,提高心理适应能力,主动调节心理适应社会发展。充分发挥学生班、团等组织作用,深入挖掘学生自我教育、自我管理和自我服务能力,引导学生走出网络走向操场参加体育锻炼,培养学生养成体育运动习惯。

三、中职生社会实践教育

建立学生实习、实训、实践设施基地,不仅要让学生掌握各种专业课堂知识,还要鼓励学生多参加各种志愿活动、交流活动和文体娱乐活动等。配备指导教师带领学生利用节假日走出校园参与社会公益服务和劳动帮扶实践活动。结合所学专业开展相关的企业生产劳动、科技服务交流、现场学习及校外学生社团活动等,以获取客观直接的技能经验。使学生在实践过程中透彻理解所学知识,培养学生的科学研究创新素养,增强动手操作能力,在实践中培养学生乐于奉献的精神。

四、中职生就业与择业教育

帮助教育学生树立正确的劳动就业观念,培养踏实、勤奋吃苦、爱岗敬业等良好素养。当前,受社会不良风气影响,很多中职生的就业观念不正确,一味追求工作岗位舒适、工资报酬高、职业升迁快的工作,向用人单位提出过高的要求,而没有客观地考虑自己的能力水平,造成高不成低不就的现象,这些思想观念都会造成毕业生就业困难。中职生应客观地认识自我,正确地衡量评价自己的真实操作能力以及专业技能水平,以积极坚强的心态面对求职时遇到的困难。结合社会对于人才的思想品德、专业技能、综合素养的实际要求确定择业目标和发展方向,积极适应快速发展的社会就业环境,正确认识就业竞争与个人能力。

五、中职生体育素养教育

体育综合素养不仅包括体育基本理论知识、体育技能方法、体育意识和体育行为能力,还包括体育运动水平、体育品德素养以及体育精神等。体育综合素养的培养受先天遗传的影响,后天体育教育和周围环境也对其发挥着重要作用。

（一）培养中职生的体育意识

体育意识是提高学生体育综合素养的重要前提，培养学生终身体育意识是学校体育素养教育最根本的目标。在学校体育教育过程中，首先要教育学生认识到体育活动的重要性，认识到体育运动不仅可以让人们享受到生活的乐趣、获得精神的满足，而且对提高整体的国民身体素养有着重要的意义和作用。

（二）培养中职生体育能力

体育教学是体育教师向学生传授体育基本知识、体育技术和体育运动技能的过程。体育运动在强身健体的同时也能促进学生智力的开发和提高，因此，体育教学在整个教学体系中占有非常重要的地位。中职体育教师要做好学生体育能力培养工作，提高学生体育素养，为提升全民身体素养作出贡献。体育能力是指人能顺利有效完成某项体育活动所必备的心理素养，是人完成某项体育活动时表现出来的身心统一和协调配合的才能，是由知识、技术、技能和智力组成的一种个性、身心品质的综合体。培养中职生的体育能力要从体育意识和运动技能两方面出发，运动技能是指学生掌握某项体育运动要领和完成运动动作的能力。另外，随着体育娱乐和体育文化的发展，还要培养学生欣赏体育比赛、充分享受体育乐趣的能力，让精彩的体育赛事带给学生精神上的享受和满足。

（三）培养中职生体育道德素养

体育教学也是培养学生思想品德、全面提升中职生综合素养的一个重要方法和手段。体育教学可以培养学生良好的学习态度和习惯，激发学生学习的动力和热情，尤其对于处在人格形成期的学生，可以很好地帮助他们树立正确的人生价值观、世界观和道德观。此外，体育运动都是建立在一定运动规则和要求之上的活动，这就要求教师在教育学生参加体育活动时，要遵守体育规则和要求，引导学生形成良好的竞赛心理、体育道德和行为表现,提高自身素养,比如以正确的心理接受比赛失败的结果,尊重对手和裁判。

中职学校的体育教师在体育教学中,要善于利用一些有利时机提高学生的思想品德水平。例如,通过篮球、足球等球类比赛,教育学生形成积极向上的竞争意识,使其认识到团队合作的重要性,让学生感受班级凝聚力和集体荣誉感,告诉学生一个团队只有团结互助才可能取得成功,同时,引导学生在比赛中尊重对手和裁判,保持良好的心态;在长跑运动中,有意识地培养学生的毅力和坚韧不拔的精神;在体操运动中,教师可以培养学生养成遵守规则、遵守学校纪律的习惯;利用一些重大国际体育赛事进行爱国主义教育,趁机培养学生的家国情怀。另外,在中职体育课教学中,教师还可以根据学生的具体专业特点和岗位要求,渗透进相应专业的职业要求教育,把体育思想品质的培养与职业道德素养教育相结合,彰显中职体育教育的特点。

(四)培养中职生终身体育的意识

体育活动应该贯穿于一个人的一生。"终身体育"指一个人能够终身进行体育锻炼、接受体育教育。中职教育的目标是为了给国家培养高素养劳动者,以适应未来高强度的工作,这就要求中职教育要加强学生体育综合素养的培养,而这是一个长期过程,所以必须增强学生终身体育意识,养成终身体育锻炼的习惯,提高身体素养。

首先,培养学生形成终身体育意识是当前中职体育教学课程改革的需要。现在的中职体育课程在教学理念、思路和内容上都做出了很大改变,中职教师要适应当前人才培养标准的要求,在体育教学中全面贯彻落实终身体育的培养要求,提高学生学习体育有关知识和参与体育运动的积极性,为学生将来的工作和生活打下良好的基础。

其次,培养中职生的终身体育意识也是当前时代发展的必然要求。随着我国科技和经济的不断发展,人们工作强度加大,生活节奏加快,健康状况堪忧。尤其是年轻人,不健康的饮食习惯和睡眠习惯严重影响了他们的身体素养。因此,培养中职生终身体育的意识,可以让他们更加积极主动地参加各种体育活动,保持身心健康和最佳生活状态。

第四节　中职生综合素养现状分析

中等职业学校的大多数学生都存在一定程度的学习障碍、学习动机不足、自我管理松散、学习积极性不高等问题。但作为新生代,他们个性张扬,易于接受新事物,充满好奇,对于科技改变生活、科技创造效率的理念极为推崇。从当下学生的性格特征也可以看出,在学校发展过程中,教育需要紧跟时代的发展,更新教育理念,改革教育教学管理方式,实现职业教育提倡的全员育人、全程育人、全方位育人的"三全育人"。

一、中职生受西方不健康文化思潮的影响

随着改革开放的进一步深入,经济全球化、一体化的发展,我们不仅引进了国外先进的技术、经验,同时西方很多不健康的消极的思想也渗透进来,社会上各方面不良风气对中职生的人生观念、政治思想信仰、文化素养产生了一定的不良影响。极端的个人主义、看重金钱、不爱劳动、享乐思潮等严重地影响了青年学生的政治思想道德观念、社会价值观和人生观,很大部分中职生在这些消极思想的冲击下,政治思想消极迷茫,道德水准下滑,不求上进,有些甚至走上了违法和犯罪的道路。在经济占主导地位的时代,很多青年学生的思想行为注重金钱物质,不注重精神修养,忽略了文化知识学习和正确价值观的养成,产生了诸如"啃老""靠脸吃青春饭"等不健康的人生观和极其错误的价值观,缺少追求先进文化知识、道德和科学的氛围,读书无用论在一定范围内有所抬头,这在一定程度上造成了中职生的思想困惑和错误的价值导向。

当前有一部分中职生受西方不健康文化思潮的影响,盲目地崇洋媚外不关心集体和社会、个人主义思想严重,对我国的社会主义制度和思想道德文化的认同和信仰缺失。在中职院校甚至还有极小一部分学生对我国社会主义制度的政治立场不坚定,严重背离了社会主义核心价值观的要求。

二、中职学生素养现状在某些方面不容乐观

目前,一部分中职学生太过于注重追求物质享受,而忽视了积极向上、吃苦耐劳、乐于奉献的精神追求。当代中职生个性和自我意识强,他们充满青春活力、对人率真义气、对事热情真挚,但部分学生在个性展现的同时,也暴露出遇事以自我为中心、过度自私自利,在文化素养方面,不少学生没有养成多读书的好习惯,知识面狭窄,只片面注重掌握本专业的知识技能。中职学生中有很大比例来自农村,而且贫困生有很多,在他们的成长经历中,父母常年在外打工,受到家庭教育和环境的影响,他们内心总有一些自卑,与城市学生在观念、生活习惯上碰撞冲突,内心和行为举止中经常会不自觉地流露出自卑。对于他们的这种敏感、不稳定的心理心态,在日常学习生活中学校要给予更多帮助和关爱。

三、中职学生心理健康现状不容乐观

青年学生正处在人生的重要成长阶段,心理还不很成熟,有很多学生认知、解决、分析问题能力低下,自我控制能力差,依赖心理重,无法应对挫折。有个别中职生遇到问题不能冷静地处理,容易出现过激的行为或是极端的反应,意志消沉薄弱,缺乏对挫折的心理承受力和抗打击能力。有些学生文明意识淡薄,举止言行不文明,缺乏基本的礼仪和修养,集体观念薄弱,过于以自我为中心。

四、有些中职生长期沉迷于网络

当前是一个互联网时代,电子产品成为中职生生活、学习中的必备品。长时间低头玩手机或久坐在电脑前已成为大多数中职生真实生活的写照,现在有的学生甚至于上课也是手机不离手,有的学生沉迷于网络游戏。一些中职生常常晚睡晚起,生活作息不规律,忽视了体育锻炼,加之饮食不健康等导致他们的身体状况堪忧。学生整天沉迷于电脑、手机,不愿与家人和同学朋友沟通,严重脱离社会,严重影响学习成绩。中职生正处于青春期,一些来自网络的不良思想、坏习惯严重影响其正常

成长,容易产生心理消极、情绪反复不定或萎靡不振、易陷入极端等状况,进而导致学生思想行为上的错误。

第五节　中职生综合素养提升的路径分析

当前,在国家的大力扶持下,我国的中等职业教育得到了空前的发展。但伴随着初中毕业生的持续减少、中职招生规模不断扩大,中职招生不得不一再降低门槛。这就必然导致中职学生整体素质的下降。不少中职学校采用了"宽进严出"的方法,但在具体实施中阻力很大,最终无奈地成为"宽进宽出"。这与中职学校"培养合格的中等职业技术人才"的初衷显然不符。长此以往,中职教育又会广受社会的诟病,而家长、学生也会对中职学校"避而远之"。为避免使中职教育又一次陷入困境,笔者认为提升中职生的综合素养迫在眉睫。

一、提升中职生的道德素养

目前,中职学校绝大多数采用的是"工学结合"甚至是"半工半学"的办学模式。学生在校学习的时间有限,而且缺乏连续性。这与思想道德教育的长期性、持续性要求是背道而驰的。中职学生大多是15—18岁的年轻人,思想还不够成熟,很容易受外界的干扰。思想道德教育的"主战场"是学校,要让中职学生回归校园,而不是过早地将学生推向社会。

中职学生的思想道德教育主要包括三个方面的内容:社会公德、个人品德、职业道德。这三者是互相关联的。中职学校一般开设有专门的职业道德课,但这不是中职学生思想道德教育的全部。学校要通过多种形式的活动开展有关社会公德的教育,让学生在丰富的第二课堂活动中,养成良好的社会公德素养。而学生的职业道德教育也不能仅限于教材,可以通过经典案例分析、职场人士报告会等形式开展,力求生动、形象,寓教于乐。

第一章 绪 论

（一）道德素养的内涵

道德是人们进行行为判断的内心准则，是在长期的发展过程中，逐渐形成的对整个社会生活进行行为调整和规范的一种意识形态。道德的发展可以增进人民的幸福感和促进社会的进步。

道德素养是在人类的生产和生活中所产生的，它是人类整体品质的一个主要方面，是人类自身内在的东西，它能指导人类生活在特定的环境中，根据自己的道德行为标准进行抉择，并且在抉择的过程中具有相对稳定的心理因素，现在，一般情况下，人们会以道德素养的高低来对一个人的品质进行评估。拥有较高的道德素养的人，不仅掌握和了解到丰富的道德知识，还具备执行道德规范的能力，而且在努力实践的同时，还能够维持相对稳定的心态。道德素养由道德中的认识、情感、行为、动机、意志和信念六个因素所组成。

第一，道德认识是指人类在不断进行着的道德实践活动中，逐步积累、发展自己的知识，这是人类道德素养产生的基本条件。它能使人自觉地将自身的天赋与所学相联系，并根据特定的伦理准则去实践，使人自觉地从"怎样做""为何做"等方面不断地提升自身的道德素养。

第二，道德情感是指在对自己的行为作出评判的基础上，道德情绪表现出一种持久稳定的特征，如崇拜、同情、怜惜等。主要表现在：集体主义情感、爱国主义情感、国家认同情感等。人对人的认识与行为的过程是一个循序渐进的过程。在特定的伦理活动中，人们往往以自身的伦理准则去评判他人，当他人的伦理准则与自己的伦理准则相一致时，就会出现正向的情绪，比如赞美、欢乐等，这样就变成了一种可以激励人的强烈动机，可以将人的全部身心都激发出来，反之则会导致某些负面的、消极的情绪，如厌恶、烦躁等，从而作出违反伦理准则的举动。

第三，道德行为的评判依据是善与恶，具有偶然与持久两种性质。所以，我们可以把道德行为作为对别人或对社会是否有价值的社会性行为来看待。

第四，道德动机指的是一种心理过程，它是人们将自己的道德知识和道德情感相结合，以实现一定的道德目标，在自主地产生并完成自己的道德行为时所构成的一种内在驱动力。

第五，道德意志是人类为了达成某种目标而对自己的道德行动进行有系统的调控与指导的一种精神形态。可以使人将道德动机贯穿在自己的道德行动中,坚守自己的道德准则和行为习惯,约束自己的不道德行为,将自己的道德行为进行到最后,达到自己的道德目标。道德意志在一个人的人格修养中起着至关重要的作用。

第六,道德信念是指在漫长的社会实践过程中,人们逐步养成的一种观念,它以一种高度认可的道德认知为基础,以自己火热的道德情绪为动力,从而产生出与之相适应的道德行动。道德信念就是道德的意愿,它为人们的道德认知和道德情感指明了道路,让人们的道德行动坚定而不容易被更改。人一旦有了伦理信仰,就能在人生中有清晰的目标,能坚决而快速地按照道德规范行动,能适应伦理变迁的实际情况,变得更加完善和坚强,进而可以更好地引导人们明辨是非,作出正确的道德行为。

(二)中职生道德素养培育的创新路径

1. 细化培育目标

在社会主义市场经济的背景下,为了构建一个健康的社会价值体系和道德规范体系,我们必须以利益关系和自由平等为基础。这是一个既需要关注个人利益,又需要注重公共利益的体系。因此,当我们培育中职生的道德素养时,必须考虑时代背景,尊重中职生的利益选择,并将解决中职生思想问题同解决物质问题结合起来。

然而,过于片面地强调个人对社会的责任义务和过度倡导奉献,而忽视个人利益,只会适得其反。因此,我们需要建立一个平衡的价值观,既注重个人利益,又关注公共利益。在培育时代新人的道德素养时,我们需要提高"私己性"品质,更需要完善"公共性"精神。

这意味着,我们需要培养一个具备公共责任感和社会意识的时代新人。这样的时代新人应该具备基本的公共素质和文明礼仪,尊重他人,关心社会,能够行使公民权利并承担公民责任。这样的时代新人才能真正为社会的发展和进步作出贡献。

2. 丰富培育内容

道德素养的培育必须立足生活,亲历性和实践性是关键。只有亲身经历和实践才能让人更好地体会到道德的重要性和实践价值。道德素养的内容体系由对立统一构成,包括幸福与快乐、不幸与苦难、善良与互助、欺骗与冷漠等。在日常生活中,中职生道德素养的培育要充分利用各种机遇,化危机为转机。

道德素养的培育还要引导学生有忧患意识,认识到危机伴随生命的全部历程且不可避免,从而形成健全、理性的道德观。在生活中,学生可能会遇到各种挫折和困境,这时候,他们需要克服困难和挑战,培养出坚韧不拔的品质和勇气,以此来提高自己的道德素养。

道德素养的培育是一个长期的过程,需要我们在日常生活中不断地去实践和修炼。只有通过不断的实践和修炼,才能够培养出高尚的品德和良好的道德素养。同时,我们也应该注重引导学生在生活中认识到危机和挑战的存在,从而培养出健全、理性的道德观,提高自己的道德素养。

3. 优化培育方式

课堂教学中应注重道德情境的塑造,通过创造真实的情境,让学生产生强烈的道德情感体验。这种情感体验不仅有助于培养学生的道德意识,更能够让他们深刻理解"道德"这个概念。

然而,在培养道德意识的过程中,不能仅仅着重于道德判断的结果。还要留有一定的"酝酿""顿悟"空间,让学生在思考的过程中自行发现道德问题的根源,从而更好地理解道德的本质。

此外,我们应该善于利用"告诫""唤醒"来帮助学生摆脱道德失控。当学生犯了错误时,我们应该及时指出他们的错误,并引导他们认识到这种错误的严重性。同时,也要引导学生从错误中吸取教训,让他们明白道德行为的重要性。总之,课堂教学中应注重道德情景的塑造,留有一定的"酝酿""顿悟"空间,善于利用"告诫""唤醒",注重道德教育与实践的结合,并将道德观念转化为实际行动。

4. 重构网络教育

网络时代已经成为我们生活中重要的一部分,但是在这个虚拟的世界里,人们的言行却不尽合适,网络空间的道德建设也愈发受到关注。广大学生需要逐渐具备文明自律的意识,保持理性,以及规范自身道德行为。

首先,网络空间道德建设的基础是文明自律。网络虚拟的特性,让人们更容易妄言妄为,甚至是攻击他人。因此,需要提高自我素养,自觉遵守网络规范。

其次,网络教育需要保持理性。网络信息繁多,其中不乏虚假信息、误导信息等,所以需要学会辨别真假信息,保持理性思维。

再次,教师也需要发挥重要作用。教师应该引导中职生以"他者意识"来规范自身道德行为。通过让学生站在他人的角度思考问题,帮助他们树立公正客观的价值观。教师还应该增强青年对网络公共生活的参与能力。在网络公共生活中,我们应该积极参与讨论、发表意见,增强自己的社会责任感。

最后,网络公共空间能使学生更深切地体知当下社会,更准确地把握当前责任。网络公共空间是学生了解社会、关注社会的重要途径,通过参与讨论、交流,学生可以更全面、更深入地了解社会现象,更好地把握当前的社会责任。

5. 营造浸润环境

作为重要的外部保障,德育环境制约着时代新人道德素养的发展。中职院校在实施"三全育人"的过程中,要改变传统的模范教育模式,构建系统化的、浸润式的德育生态。在教育的内容方面,中职院校要突破院系、专业、班级等传统的教育单元的限制,在教授专业知识的同时,也要建立一套与生命价值、社会责任相结合的道德知识体系,改变教师那种高高在上的道德说教者的角色,注重与学生的平等对话,指导学生从善待生命到理解人生、从规范律己到对别人负责,从而构建出一套完善的自我检讨制度。从办学思想上看,中职院校应以"正义"为基石,以保障学生的机会平等和教育资源的合理配置为前提,以促进学生的自身利益和社会的发展为目标,以民主的管理模式让年轻人加入学校的发展中来,让年轻人有更多的时间去做自己的决定,让年轻人有更强的道德责任感。从学术精神层面看,中职院校应超越"工具理性"的限制,以"启真崇善"的人文关怀重构中职生的道德理念,不仅要发扬"上行下效"的进取精神,更要发扬"上善若水"的进取之风;另一方面,要大力提倡"止于至善"的崇善精神,推动科技和人文的融合,让对社会的关注变成年轻人提高自身素质的一种内在动力,将尊重人、包容人、关爱人融入年轻人的事业计划之中,让促进人类福利变成一种终生的事业。

二、提升中职生的人文素养

现阶段,中职学校招收的学生多数是初中阶段学习习惯比较差、学习基础比较差的学生;中职教育的教材也是针对这一实际情况而编定的,因此难度较低;再加上有些中职学校是"活动高于一切",课堂教学往往让位于活动。中职学生受这些综合因素的影响,文化素养不高,已经是一个不争的事实。

教师先要整合相关的文化教育资源,搭建学生阅读经典作品的平台。教师要以课本选择的一些作品为核心,充分利用一切教学资源,并加以整合,确定阅读的范围,规范阅读的过程,指导阅读的方法,落实检查的制度,以确保阅读的数量和质量,使学生在人类优秀文化的熏陶中丰富自己的文化底蕴,潜移默化地提升自身的文化素养与人文素养。

(一)人文素养教育的内涵

人文素养是指在先天生理基础上,通过后天教育和社会环境影响所形成的相对稳定的人文方面的综合品质及行为表现。人文素养是现代社会重视的一种能力,它是全面发展人的人格和能力的必要条件。

人文素养是一个人的综合素质和行为表现,它不仅关系到个人的修养,还对社会的发展和进步起到了重要的推动作用。人文素养的核心是人文精神,这是一种强调人是主体的原则,以人的各种需要的满足为最终诉求,强调人的价值高于物的价值、生命价值优先的原则,强调相互尊重对立的人格尊严,突出人人平等的原则等。这种人文精神是人类文明进步的重要源泉,它促使人与自然、社会及文化的关系变得更加和谐、平等和文明。

人文素养和人文知识是两个不同的概念。知识可以理解为一种认知和理解事物的能力,是人获得的信息和技能。而素养则是人的价值观念、道德品质和文化修养的体现,是人的内涵和品质。知识和素养之间存在着一定的关系。只有当知识进入人的认知本体,成为人自身的素质时,才能真正成为人的素养。因此,知识和素养是相互依存、相互促进的关系。

人文素养是人文知识的进一步认识,其更关注人的命运、价值和生命意义。它不仅仅是知识的积累和运用,更是对人类文化、历史、哲学、艺术等方面的深入思考和领悟。人文素养的提高需要人们在学习知识的同时,不断探索人的内在世界,对自身的认识和思考进行深化。

人文素养在不同的关系中体现着不同的精神境界和价值取向。比如,在与自身的关系中,人文素养会体现出对自我价值的认知和尊重;在与他人的关系中,人文素养会体现出关心他人、尊重他人的精神境界;在与集体的关系中,人文素养会体现出团结、协作的精神;在与社会的关系中,人文素养会体现出责任感和社会责任心。

人文素养教育是为了提高人们的人文素养而设立的一种教育。它旨在通过对人文精神的追求,将人类优秀的文化成果内化到个人的人格、气质和修养之中。人文素养教育强调的是人文精神,即一种关注人性、关怀人类命运、推崇人类价值的精神。在中职生人文素养培育方面,教育工作者通过各种人文社会科学方面的学习培养,提高中职生的文化品位、审美情趣和人文修养。这种培育活动是系统的,旨在从根本上提升中职生全面的人文素养,使中职生能够更好地理解和欣赏人类文化中的经典和精华,增强学生的文化自信心,提高学生的综合素质和社会责任感。

(二)中职生人文素养培育的路径探索

1. 强化人文素养培育的理念

(1)以立德树人为根本任务

在现代社会,中职教育被认为是人才培养的重要阶段。中职生人文素养的培育和提升是中职教育的关键。因此,中职院校人文素养培育需要改革现有教育模式,明确"立德树人"的教育理念。

立德树人是对中职院校"用什么培养人"以及"培养什么人"的回答。立德树人作为中职院校教育的核心理念,强调中职生的德性培养。德是才之基,教育以育人育德为本,才与德彼此依存。因此,中职院校人文素养培育需要立足于德育教育,注重中职生的德性培养。

中职生需要具备崇高的道德修养、高雅的文化气质、健全的人格品质、深厚的人文精神。这些素质的培育需要在中职教育中得到重视。中职院校应该注重人文素养的培育,加强人文教育的内容和形式。

为了实现中职院校人文素养培育的目标,需要在教育模式上进行改革。中职院校应该采用多元化的教育方式,注重学生的自主学习和思辨能力的培养。同时,中职教育也应该注重实践能力的培养,培养学生的社会责任感和创新精神。

(2)以"新发展理念"为指导

①坚持创新发展增强人文素养培育的动力

在中职院校中进行人文素质培养,要以当前的发展新阶段和构建发展新格局为基础,把创新作为其中心内容,进行理念、教学和内容的创新;将创新的机理和方法作为重点,加强对学生理论知识的教育和对学生实际技能的训练,丰富教学的内容,改进教学方法,推动人文素养的培养方式的改革,使创新成为人文素养教学中的一种常态。

②以协调发展凝聚人文素养培育的合力

中职生的人文素养培育是一项系统的工程,这意味着需要多方面的力量共同参与。作为主阵地的中职院校应该积极统筹各方面的资源,将人文素养融入课程教学、党政管理、制度建设、实践活动、校园文化的每一个细节之中。这样的全方位培养方式对于学生的素养提升将起到更加全面的促进作用。

隐性教育与显性教育的结合是培养中职生人文素养的关键之一,这种方式可以构建人人协同、课课协同、部部协同育人共同体。通过这种方式,可以让学生在课堂上、实践中、校园文化中全面提升自己的人文素养。除了中职院校的努力,社会也应该积极宣传正确的价值观,完善用人机制,主动更新人才观。这样可以创造更加适合人文素养发展的社会氛围,帮助中职生更好地发掘自己的潜力。在家庭教育方面,家长也要重视自我素养的提升,关注孩子的情感、人格及精神层面的教育,注重孩子的全面发展。这样可以让中职生在家庭环境中得到更好的支持，更好地发掘自己的人文素养。最后，中职生们也要更新认知、加强自律、丰富实践，努力提升自己的人文素养。

③以共享发展明确人文素养培育的指向

共享经济已经成为当今社会的重要发展趋势，也成为国家实现全体人民共同富裕的助推器之一。在教育领域，共享资源的理念也逐渐被引入，以实现师生资源的共享和平等对话，同时转变传统人文素养培育中单向度的教学方式，推行交互式、问题式的教学方式。

在共享教育的理念下，教育者需要尊重学生的主体地位，充分发挥学生的主观能动性和创造性，通过互动交流，为学生提供更多的自主选择和主动学习的机会。同时，教育者也需要加强对中职生身心发展、兴趣爱好、价值诉求等方面的关注，夯实中职生的获得感，提高学生的学习积极性和自我管理能力。

共享教育不仅有利于学生的个人成长，也有助于学生服务国家建设、社会进步、人民幸福的主体意识的增强。通过在教育中增强学生的社会责任感和公民意识，培养学生的爱国情怀和社会责任意识，使得学生能够更好地参与社会建设和发展。

2. 推进人文素养培育课程体系改革

（1）建立专门的管理机构统筹规划

建立专门的管理机构，统筹规划，是保障学校管理工作顺利开展的重要前提。在学校内部，需要健全自上而下的领导管理保障体制，同时设立同级管理机构，实现分级管理，确保管理工作顺畅。各部门之间要分工明确、共同合作、相互监督，避免重复工作和矛盾冲突的发生。

为了提高管理水平，学校需要重视管理人员人文素养的提升，促进优秀管理团队的形成。管理人员不仅需要具备专业能力，还需要具备人文素养，包括道德修养、情感管理、沟通能力等方面的素质。只有这样，才能更好地和各方面进行协调，推进学校管理工作的顺利开展。

平衡学校的行政权力与学术权力，提高人文素养培育管理的质量，是学校管理工作的重要任务。学校的行政权力和学术权力需要平衡，避免因过分追求行政管理而忽视学术发展的重要性。同时，学校需要注重人文素养的培育，提高管理人员的人文素养，为学校的管理工作注入更多的人文色彩,增强其人文特色。

在探索人文素养培育管理新思路方面,学校需要不断尝试创新,形成独具人文特色的管理之路。例如,可以引入心理学、社会学等学科的理论和方法,为学校管理工作提供更多的思路和帮助。同时,学校也可以将学生的人文教育与管理工作相结合,为学生提供更加全面的教育服务。

总之,学校管理工作的顺利开展需要建立专门的管理机构,健全领导管理保障体制,实现分级管理,各部门之间分工明确、共同合作、相互监督。同时,需要重视管理人员人文素养的提升,平衡学校的行政权力与学术权力,探索人文素养培育管理新思路,形成独具人文特色的管理之路。只有这样,学校的管理工作才能更好地开展,为学校的发展和师生的成长提供更好的保障。

（2）加大对人文素养培育课程的宣传

在当今社会,人文素养的重要性越来越被重视,而中职生作为未来社会的中坚力量,对于中职生人文素养的培养更是必不可少。因此,学校应该加大人文素养培育课程的宣传力度,增强中职生对于这些课程的了解程度和喜爱程度。

为了达到这个目的,学校可以通过多种方式宣传人文素养培育课程。首先,可以建立专门的网站,向中职生们详细介绍这些课程的内容、学习方法和培养目的,让他们对于人文素养课程有一个全面的了解。其次,可以通过推送内容的方式,将有关人文素养培育的文章、视频等推送到学生们的手机上,让他们随时随地了解这些课程。此外,可以邀请学生分享他们在人文素养课程中的收获,让更多的学生了解到人文素养课程的重要性。还可以邀请教师介绍自己的授课经验和教学理念,让学生们更加深入地了解这些课程。

通过这些宣传方式,可以深化中职生对人文素养培育课程的认识,唤醒其自我主体意识,提高育人效果。中职生们会更加主动地投入人文素养课程中,认真学习,积极探索,不断提高自己的人文素养。这不仅有助于学生们个人的成长,也有助于建设更加和谐、文明的社会。因此,学校应该积极推广人文素养培育课程,让更多的学生了解其重要性,并加强对这些课程的宣传力度,为学生们的成长打下坚实的基础。

（3）加强人文素养培育课程建设

①适当增加人文素养培育课程的学时和人文素养培育必修课程

在现代社会,高等教育被认为是人才培养的重要途径,而中职院校的教学质量则关系到人才培养的成败。因此,如何提高中职院校的教学质量成了一项重要的任务。在这个过程中,人文素养的培育尤为关键。

首先,要保证一定的课时量,才能有一定的质量。这就要求中职院校要适度地增加中职生学习人文课程的基础时间,让他们有更多的机会接触人文课程,强化他们对人文素养培育的认识。这样可以更好地保障人文课程的教学效果,提高学生的学习成果。

其次,要提高人文素养培育课程的占比,并且形成系统有序的人文素养类课程体系。这意味着中职院校应该在课程设置上更加注重人文素养的培育,同时在课程内容和教学方法上更加注重人文素养的培育,使人文课程成为培养学生综合素质的重要途径。

最后,中职院校可以选取相关优质人文素养培育课程,将其纳入必修课程,优化选修与必修课程的安排,平衡中职生的课程设置,提高所占学分的比重,引起中职生的重视。这样可以促进学生对人文素养的认识和理解,增强他们的人文素养,为他们未来的成长和发展打下坚实的基础。

总之,中职院校应该重视人文素养的培育,不仅要注重课程设置和教学方法,还要加强必修课程的设置和学分比重的调整,以提高学生对人文素养的认识和理解,促进他们的全面发展。

②在课程内容上追求相互渗透

在当前高等教育大力推行"素质教育"的背景下,针对中职生的专业特点与学校的办学特色,探讨如何加强学科交叉融合、拓宽交叉融合内容,以及如何在人文素养培育中实现各学科之间的辐射聚焦,最终达到共赢发展的目标。

首先,我们需要考虑中职生的专业特点与学校的办学特色。中职生处于专业学习的阶段,拥有比较明确的学科倾向和兴趣爱好。而学校的办学特色则是指学校在教学、科研、社会服务等方面的独特特点和优势。在这个基础上,我们可以建立学科领域中更加密切的关系,实现"和而不同"、彼此促进的双赢效果。具体来说,可以通过开设跨学科课程、搭建跨学科研究平台等方式来促进不同学科之间的交流与合作。

其次,加强学科的交叉融合,拓宽交叉融合内容也是十分必要的。交叉融合是指不同学科之间的相互渗透和融合,形成新的学科领域。通过交叉融合,可以增强学科之间的互补性和协同性,打破学科壁垒,推动学科创新。在加强交叉融合的同时,还需要搭建交叉融合的课程内容,使得人文素养培育中学科交叉渠道得以拓宽。比如,可以开设"科技与人文""医学伦理"等课程,让学生在专业学习的同时接触到其他学科的知识和思想。

最后,打破不同学科之间的界限,最终使各学科与人文社科之间形成辐射聚焦也是十分重要的。在学科交叉融合的基础上,不同学科之间的辐射效应可以最大化地发挥。具体来说,可以以人文素养培育的视域来重新考察科学技术和专业课程,引领学生达到对专业课程、科学技术与实践更高层次的人文理解与认识。

通过以上措施的实施,可以很大程度上实现共赢发展。学生可以在跨学科的学习和研究中获得更广泛的知识和技能,提高综合素质和创新能力;学校可以在学科交叉融合的基础上推进学科发展,提高学校的学科声誉和竞争力。总之,加强学科交叉融合,拓宽交叉融合内容,以及在人文素养培育中实现各学科之间的辐射聚焦,可以推动中职院校教育的发展,促进学生的全面发展,实现共赢发展的目标。

③在课程数量上注重有的放矢

在中职人文素养培育课程的设置中,一些关键点需要引起我们的重视。

第一,我们不能盲目地增加课程数量,而应该选择适合中职生人文素养提升的核心课程。这些核心课程应该能够在学生的思维能力、人文素养等方面发挥积极的作用。

第二,在课程设置时,应该充分考虑学生的专业、年级、兴趣等因素,合理地、科学地安排课程,注重课程的深广度。这样可以更好地满足学生的需求,使他们在学习中更加感到兴趣和参与感。

第三,盲目追求数量会使学生产生厌烦、抵触的情绪,从而影响到他们在提升人文素养方面的积极性。因此,在设置课程时,应该注重课程的质量,而不是简单地追求数量。

第四,结合学生的兴趣、学习与发展的需要,将比例设置得当,避免肤浅课程聚集形成"大杂烩"。这样可以使课程更加有针对性和实用性,帮助学生更好地提升自己的人文素养。

第五,课程设置还应该根据学生的兴趣进行精选,既要选择基础性、前沿性的课程,也要开设精品课程,带领学生感悟课程的人文价值追求。这样可以增强学生的学习动力和兴趣,更好地发挥课程的作用。

总之,中职人文素养培育课程的设置需要注重质量、深广度、针对性和实用性,帮助他们更好地提升自己的人文素养。

④专业课程中要渗透人文元素

在高等教育中,针对专业课中的人文素养培育需要以精准性为原则,结合专业特征强化人文素养培育效果。

在专业课程讲授中,应全面渗透爱岗敬业、服务奉献、耐心专注意识的培育。这些素养不仅是学生在专业领域中必不可少的品质,更是其作为社会人所必须具备的基本素养。因此,教师们应该通过课程设计和教学方法的选择,注重引导学生在专业学习的同时,更好地培养这些人文素养。

同时,专业课的教学应强化学生专业认同感的培养,引导学生明晰通过本学科专业的学习,在国家发展战略中应承担的责任与该履行的义务,调动学生对本学科专业学习的主动性,培养学生的专业自豪感与荣誉感,强化学生科技报国的家国情怀与立责于心的担当精神。

在课程教学中,教师们应注重结合专业特征强化学生责任与担当意识、道德伦理意识、正确价值观念等人文素养的养成,以此促进中职生综合素质的提高。例如,在医学专业中,应注重培养学生的患者关怀意识、医疗安全意识等素养;在法学专业中,应注重培养学生的法律意识、公共利益意识等素养。

综上所述,专业课程中的人文素养培育是中职教育中不可或缺的一部分。教师们应充分利用课程设计和教学方法,结合专业特征,精准地引导学生在专业领域中培养各种素养,以此促进中职生综合素质的提高。

(4)改变人文课程的课堂教学模式

①改变人文课程的课堂氛围

传统人文课程的单向宣讲模式已经成为课堂常态,然而,这种单向宣讲的氛围却无法真正地激发学生的参与意识,也难以让学生真正地融入人文氛围中。因此,在建构主义的教学理念下,教师不再是单纯的知识传授者,而是应该成为学生与学习环境之间的调节者,帮助学生具备独立思考的能力,鼓励学生提出质疑和推断,并引导学生主动探索并建构问题框架。

积极的人文课堂氛围不仅能够帮助学生形成问题意识,发现并解决问题,更能够培养学生的自主思考、发现问题和解决问题的能力。在这样的课堂氛围中,中职生也能够更容易地融入进去,从而获得人文精神或人文素养的提升。

②改变教学方法

传统的人文课程教学方式,往往会让学生缺乏自我独立意识和主体意识,他们往往会被动地接受老师灌输的知识,而缺乏自我思考和探究的能力。这种教学方式的缺点就是缺乏灵活性和趣味性,让学生难以真正地理解和掌握人文知识。

为了改变这种不足,我们可以引入案例教学法。这种教学方式可以形成师生平等互动的空间和氛围,让学生在与老师的互动中获得更多的启示和灵感。同时,这种教学方式也可以让学生更加主动地参与到学习中来,从而让教与学变得更加灵动有趣。

在培育学生的人文素养方面,我们需要帮助学生构建起稳定的人文精神,并通过行为向外展现。这种素养的培育需要从学生的内心开始,让他们在学习中获得真正的收获。而案例教学法可以促进中职生获得智慧,通过调动积极性吸引他们参与到案例讨论中,促进对人文知识的深刻理解和掌握。

人文课程的教学目的是知识获得、能力提升和价值塑造。通过引入案例教学法,我们可以让学生更加深入地理解和掌握人文知识,让他们获得更多的启示和灵感,从而让教学变得更加有趣和灵活。同时,我们也可以通过培育学生的人文素养,让他们更好地展现自己的价值和能力,为未来的成长打下更加坚实的基础。

3. 构建更富人文氛围的校园文化

人是环境的产物,人处在什么样的环境中,就会受到什么样的熏陶和涵养,校园育人环境无形中影响着学生的精神世界,因此学校要重视校园育人环境的建设,将人文素养培育贯穿于整个校园中。中职院校应积极利用校园环境营造人文效应,开展形式多样的校园文化活动,促进学生人文素养的提升。

(1)利用校园环境营造人文效应

在校园建设中,精神文化是至关重要的一环。精神文化通常被称为软文化,主要体现在校风、学风中。这些特质是每所学校独有的,是学校文化的核心所在。通过校园活动,学校可以向学生灌输这些价值观念,让他们对学校文化有更深刻的理解。

然而,除了精神文化外,物质文化也是校园中不可或缺的一部分。物质文化通常被称为硬文化,包括教学楼、食堂、实验楼等建筑,以及标语、路牌、警示模块、评比栏模块、名人名言、灯箱语录牌和匾牌等隐性素材。这些硬文化元素虽然看似不起眼,但在校园文化中扮演着重要的角色。这些元素呈现出来的校园氛围和形象,会影响到学生和教职员工的情感和态度。

除了硬文化,网络、广播、橱窗、绿化带和背景音乐等也可以作为人文文化的载体。这些元素的主要作用在于为校园营造出更加和谐、自然、舒适的环境。校园网络可以为学生提供更加便捷和快速的通信工具,广播可以播放校园新闻和音乐,橱窗可以展示学生作品和成果,绿化带背景音乐则可以让学生在校园内感受到更多的自然气息。

在建设校园物质文化时,要注重细节,让每一个地方都充满故事。比如,在校园的走廊里,可以挂上学生们的成果,或是展示学校的历史和文化,让学生们在走廊上感受到学校文化的独特魅力。在教学楼中,可以设置专门的休息区,让学生们在休息的同时可以欣赏校园文化的展示。这些细节可以让学生们更加深入地了解学校文化,并为学生们的学习和生活带来更多的乐趣。

(2)开展形式多样的校园文化活动

①基于专业特色开展社团活动

在中职院校校园中,社团是学生们展示自我、开展兴趣爱好、提升综合素质的重要平台。中职院校社团不仅为学生提供了丰富多彩的业余生活,而且也为他们提供了发展机会。

为了更好地满足学生的需求,中职院校鼓励学生创立个性化社团,培养学生的人文情怀和兴趣爱好。这些社团不仅服务于个人的成长,而且也为学校树立了丰富多彩、多元化的形象。

中职院校重视人和社团的双赢发展,加强合作与交流。学生们在社团中不仅能够展开自己的才华和兴趣,还可以通过社团与其他学生进行交流、合作,拓宽自己的视野。

中职院校社团还发挥人文素养培育的感召力和凝聚力,开展形式多样的文化活动。这些活动不仅丰富了学生的业余生活,而且也让他们在文化交流中学习到更多的知识和技能。

为了不断提升社团层次,中职院校积极成立公益型社团和人文科技型社团,培养学生的服务意识和奉献精神。通过这些社团的建立和发展,学生们不仅能够更好地服务社会,而且也能够在服务中提升自己的综合素质。

②组织形式多样的体育和艺术活动

中职生身心健康和文化修养是中职教育的重要目标,而体育和艺术活动则是实现这一目标的重要途径。学校应该积极组织各种形式的体育活动,包括运动会、篮球比赛、足球比赛等,以鼓励学生积极参与,提高身心素质和团队协作能力。

除了体育活动,学校还应该组织适用于节日的文化活动。这些活动可以丰富学生的文化生活,增强他们对传统文化的认知和理解。例如,在春节期间,学校可以组织春节晚会,邀请学生表演节目,展示自己的才华和创意。这样的活动不仅可以提高学生的文化素养,也可以增强学生的自信心和表达能力。

艺术教育在中职院校人文教育中不可替代,学校应该拓宽平台和探索新内容和方式。艺术教育涵盖了音乐、舞蹈、戏剧、美术等多种形式,可以开发学生的想象力和创造力,增强学生的审美能力和文化修养。因此,学校应该积极开展各种艺术活动,例如音乐会、话剧展演、美术展等,以激发学生的艺术潜能,培养他们的审美意识和文化品位。

组织各种形式的体育和艺术活动可以培养学生的形象思维和直觉思维,促进创新意识的萌发。体育和艺术活动都需要学生具备创新精神和创造力,因此可以通过这些活动来培养学生的创新意识和创造力,让他们学会从不同角度思考问题,提高解决问题的能力。

体育和艺术活动可以让学生深刻认识艺术领域中的民族文化成就,培养优秀人才。通过参与各种文化活动,学生可以了解和体验不同地区和不同民族的文化,增强文化自信和民族自豪感。同时,学校也可以通过这些活动来发掘和培养艺术人才,为社会培养更多的文化精英和艺术人才。

③开展内容丰富的学术活动

在中职院校中,讲座是一种常见的教育形式,它不仅是学生拓展学术视野和提升文化修养的重要途径,也是学术交流和人文关怀的重要平台。

学生能够通过参与讲座感受到大家风范和享受高能的营养。在讲座中,学生可以听到各种各样的声音和观点,从而拓展自己的思维和理解。讲座不仅是一种传递知识的方式,更是一种启迪灵魂的方式。学生可以通过讲座感受到大家的风范和能量,从而激发自己的求知欲和热情。

开展讲座需要拥有高尚的科学修养和深厚的人文修养的学者。只有这样的学者才能够为学生提供高质量的学术和文化营养。中职院校可以积极聘请相关领域的专家、学者举办不同主题的讲座,从而为学生提供多样性的学术和文化体验。这些讲座不仅可以帮助学生拓宽学术研究视野,还可以提升学生的文化修养和人文素养。除了讲座,中职院校还可以定期开展学术交流会、座谈会、研究成果展示会、学术文化节等活动,促进学术研究中的人文关怀与人文思考。这些活动不仅可以帮助学生了解最新的学术研究成果,还可以促进学生的人文思考和关怀。这些活动可以为学生提供一个平台,让学生在学术和文化的交流中成长和进步。

三、提升中职生的职业素养

教育部原部长周济指出:"职业教育就是就业教育。"就业是职业教育的立足之本。中职学生要在当前日益残酷的就业环境中找到自己的立足之地,就必须提升自己的职业素养。

树立正确的职业观念,勇敢应对面临的就业挑战。职业观念就是自己对职业的看法。观念的正确才能带来应对策略的正确,才能正确应对就业挑战。概括起来,职业观念有三个层次:职业是谋生的手段、职业是实现自我人生价值的基石、职业是为社会作出贡献的平台。[1]

健全职业道德,坚守职业操守。职业道德不仅是从业人员在职业活动中的行为标准和要求,而且是本行业对社会所承担的道德责任和义务。"行有行规",中职生在进入职场之前,就应该对即将选择的职业的"行规"有较深的了解,并逐渐内化为一种职业道德。只有这样,进入职场后,才能坚守职业的道德、操守,使之对内能调节从业人员内部关系,加强职业、行业内部人员的凝聚力;对外能调节从业人员与其服务对象之间的关系,塑造本职业从业人员的形象。

---

[1] 许志刚.关于提升中职学生综合素养的几点看法[J].职业,2014(35):154.

第一章 绪 论

　　储备足够的专业知识,努力将专业知识转化为职业能力。中职生只有储备了丰富的专业知识,才可能通过实训实习,由理论走向实践,从而形成能力。在这方面,中职学校应该加大投入,在学校建立实训实习场所、配备相关设施设备;同时也可以采用订单式培养,由用人单位选派专业人员到学校教授专业课,组织学生到用人单位进行对口实习。中职生是一个庞大的群体,是未来社会劳动力的主力军。他们的素质在某种程度上来说是关系到国家前途命运的大事,应该举全社会的力量来努力提升他们的综合素质。这样,这些未来的建设者们,才会不辜负祖国和人民的重托。

　　具体的关于职业、创新创业等相关的内容将会在后面章节具体展开,这里就不再赘述。

第二章 三全育人背景下的中职生职业生涯规划教育

职业生涯规划教育可以帮助学生正确认知自我与专业的关系，设立自身的职业生涯目标，制订职业生涯计划，不断对自我进行丰富，提高职业生涯规划的能力，最终实现自我的价值。借助三全育人的教育理念，并结合积极情绪、投入、人际关系等元素，从学生对于自我与专业的认知入手，确定职业生涯规划的内容，构建合理的人际关系，实现积极意义的认同，从而更好地推进中职学校的职业生涯规划教育。中职学校也应该增强学生的职业沉浸体验，增强学生的人际关系与意义价值，使他们获得成就感。本章就对职业生涯规划的相关内容进行分析，并探讨三全育人背景下中职生职业生涯规划教育的路径。

第一节 职业生涯规划简述

一、职业生涯规划的时代背景

（一）宏观环境的转换

1．"互联网+"时代来临

"互联网+"是一种开放思维、一种合作思维，对于转变经济发展模式,实现产业结构调整具有重要影响,在完善中国经济体系建立与发展过程中起到积极作用。

"互联网+"将信息技术与传统行业结合,通过互联网平台进行行业创新发展。这个结合的过程不是简单的跨行业间相加,而是产业间的有效融合和协同发展,实现对传统行业的改造与升级,实现创新发展。

"互联网+"能够实现优化配置社会资源,推动社会生产力发展。互联网技术进步与互联网思维发展,在全社会形成对创新创业的积极共识,建立起人人学创新、人人想创业的氛围。2020年突如其来的"新冠疫情",对于整个社会产生了巨大冲击,但是在极短的时间里我们就在全国范围内进行各种资源的高效配置,实现了对疫情的有效控制,并且逐步推进工厂复工、学校复学等进程,在此过程中互联网技术和互联网思维起到了重要作用。

2. 国家经济战略转型

我国国民经济发展速度长时间维持在8%—10%左右的增长水平,在这个过程中市场规模不断扩大,经济实力快速提升,综合国力得到很大提高。为了保证经济发展持续向前,实现经济发展由单一高速增长向高质量增长转变,国家大力推进经济转型。经济转型是国家经济发展的必经之路,说明社会经济发展将进入一个新时期;而转型过程中出现的经济发展速度放缓,则能够协调国民经济与商业经济发展速度,更有效地满足社会需求,提高经济发展质量。转型必然要面对新问题、迎接新挑战,国家需要优化调整经济结构和经济体制,企业需要创新转变传统商业发展模式,个人必须培养训练创新意识,全社会要敢于用创新创业思维看问题,敢于在变革中尝试创新。

3. 供给侧结构性改革深入推进

供给侧结构性改革会使劳动力供给需求匹配失衡的矛盾凸显和放大,中职学生的就业压力在一定程度上增加,而突发意外(如:全球范围的经济下行、贸易战、流行疾病暴发、战争等)会使问题更加严峻。但随着产能过剩问题有效化解,资源优化配置、企业发展策略及时调整,改革的红利终将对缓解中职学生就业压力起到重要作用。

要实现供给侧结构性改革的目标必须重视创新,特别是要关注科技创新,它对于整个国民经济发展和综合国力的安全稳定提升具有至关重要的作用,而创新的本质就在于培养具有创新能力的人才。完善创新型人才的培养与管理体制,增加创新型人才的培养与供给规模,关系到国家能够实现快速稳定的发展。在改革过程中,受到产业结构的调整与市场环境的变化,必然会对中职学校的学科建设与学科发展产生冲击,造成某些专业中职学生就业困难,甚至有些专业会被取消。例如,在市场上经济处于上升发展阶段时,市场营销专业建立并快速发展,每年有大量本专业的学生进入人才市场,但是随着经济发展速度放缓,人力资源趋于饱和,大量学生无法实现高质量的就业,于是市场营销专业在专业改革时被停止招生。作为中职学生,需要主动应对环境变化,不断提升创新能力特别是科技创新能力,这样才能符合时代要求。中职学校要增强创新创业教育的科学性与有效性,在培养创新型科技人才与专业技术人员等方面下大力气,中职学生自身也要主动学习培养创新意识和创新能力,这样才能提高在就业市场的竞争力。

作为企业可以将科技成果迅速转化,为创业者提供资金支持,最为直接的是为中职学校毕业生提供更多优质的就业机会和岗位。企业应与中职学校建立起良好的互动关系,互相服务又互为依托,人才供需关系将实现良性循环,中职学生的就业困难将得到有效缓解。同时,企业能够实现技术创新与成果转化和产业结构优化升级,缓解由于劳动力供给需求匹配失衡所导致的结构性失业问题。改革过程对于中职学生就业观念也产生着影响,目前大部分中职学校毕业生期望在大城市、热门行业、高薪领域实现就业,但是随着人才需求逐步趋于饱和,就业路径需要向国家发展急需行业与领域、基层地区实现转移。毕业生的择业、就业观应该受国家经济形势与人才需求直接影响。

4. 中职学生就业市场发生转变

中职学生就业市场是以中职学生资源合理分配、中职学生自身实现高质量就业为目标的。在这个过程中中职学校、企业、中职学生三者之间必须建立良好、互动、协作的关系,中职学校是人才培养与教育产品的供给方,是人力资源供给方;企业是就业岗位提供方与接纳方,是人力资源需求方;中职学生是人力资源市场的资源要素,是人力资源活动的参与主体。

中职学校在招生时就要考虑毕业生的供给数量质量、专业与市场间的匹配,中职教育与社会经济发展需求间的匹配,中职学校与企业在人力资源供需方面的互动。中职学校人才培养也要坚持市场导向,提供国家发展战略与市场需求急需人才,推动中职学校专业设置、人才培养、学术创新、科研攻关等工作。例如,几年来信息技术发展已经成为关系国家综合国力提升、国家战略安全的重要保障,中职学校必须下大力气建设相关专业、培养和储备一大批人才。强化校企间合作,建立人才培养与供需联动机制,加大对应用型、实践型人才的培养力度,企业要增加对科研的投入,鼓励员工进行创新活动。中职学生要建立端正、科学的就业观念与择业观念,主动提升社会实践能力与职业能力,将个人职业生涯规划与国家发展、市场需求相融合。

5."一带一路"大战略的推出和实施

"一带一路"大战略会给企业带来八大机遇。

机遇一:交通运输业将成为建设发展重点,包括高铁、公路、水路、航运、港口等在内的不同类型的交通工程部门。

机遇二:基础设施建设需求旺盛,沿线城市在工业化城市化时期,基础设施建设的需求非常大,企业利用机遇进一步促进自身发展。

机遇三:文化产业发展潜力巨大,加强与沿线国家的文化交流和合作,促进文化产业的发展。

机遇四:旅游发展将成为新热点,会有很多新的旅游项目和热点,提供旅游服务、开拓旅游项目和市场的企业可以获取这些发展良机。

机遇五:国际贸易将进一步拓展,各种商品在国内外大规模、高速度的交易流通,为从事进出口贸易的企业带来新的机会。

机遇六:金融产业将得到提升机会,出现新的金融组织,提升了中国金融业发展水平。

机遇七:资源能源开发与利用迎来新机遇,沿线国家相互之间能实现较好的资源互补。

机遇八:生态产业获得新的发展空间,高度重视生态产业的发展,发展海洋产业的合作空间很大。

抓住和把握众多发展机遇,需要企业管理者和"一带一路"活动的参与者具备创新思维意识,不断开发新的合作方式与合作空间。

(二)微观环境的调整

创新创业时代已经到来,每一个人必将在这个时代中确定自己的位置,是被裹挟着随波逐流,还是勇立时代潮头,这是我们面对的现实问题。从改革开放到现如今,中职学生就业择业观发生过多次改变,直接影响着创新创业微观环境。

1. 择业方式从统包统分到自主择业,并逐步出现自主创业的趋势

中职学校毕业生择业就业经历了由国家统包统分到双向选择、自主择业的发展变革过程。近年来随着中职学校招生规模的逐年扩大和中职学校毕业生人数的增加,就业率下降,就业压力明显加大,这样就影响了就业观念的转变。由过去一次就业及终身就业变为多次就业、自主择业,直至自主创业成为普遍接受的观念。在中职学校毕业生中近40%有创业计划和创业设想,其中33.2%计划选择先就业再择业,5.6%选择直接自主创业。而自主创业学生中,58.1%是抱着尝试心态从事创业活动,28.2%的学生已经有详细的、可行的创业计划。作为中职学生,要及时调整就业观念,积极应对就业压力,创业是解决工作问题的变通之举,也是现实选择。

2. 职业选择从全民所有制单位转向三资企业,再到突破单位性质限制的特点

由于市场环境变化莫测,外部环境存在不稳定和不确定的因素,不同性质的单位面对的压力与竞争也呈现出较大差异,为此中职学生择业的单位倾向于国家机关、事业单位、国有企业,其次偏好合资企业、外资企业,而私人企业,特别是中小规模的私营企业处在备选的后部。近年来有30%以上的中职学生选择在国有企业、国家事业机关就业,希望获得稳定的工作环境与收入保障。如果社会经济发展持续向好,人们会开始关注生活质量的提高和生活环境的改善,这时就会有更多的人选择创业或自主择业。目前中职学校毕业生逐步以"00后"为主,这一代人从

小享受较好的物质生活,对个人价值的实现有较强的追求,所以近年来中职学生创业人数的规模和比例都在不断上升。

3. 薪金期望由看重职业发展到过分追求高薪,再到追求个人价值的实现

20世纪80年代中职学生就业择业,首先看重职业社会地位和专业对口,基本不考虑薪资问题,所以在人才分配过程中主要以专业作为分配依据。随着市场经济的发展,到了90年代择业的标准变为薪酬待遇,中职学生毕业后把工资收入作为选择职业的重要依据。

进入21世纪初,随着中职学校招生规模的扩大,中职学生毕业人数连年增加,人力资源市场供需关系发生了变化,对于薪酬的态度也发生了改变,就业心态趋向理性化。中职生对于专业对口、职业发展通道顺畅、能够体现自身价值的岗位接受度更宽,"先就业再择业"反映出就业心理逐步健康,就业心态日渐成熟,不断增加的中职学生创新创业活动也说明创新意识、创新思维得到普遍认同。

4. 地域选择从东南沿海到选择更适合的地方或更能体现自身价值的地方,更加趋于理性

曾经是"孔雀东南飞",20世纪90年代中职学生择业首选东南沿海发达城市,而且热度一直不减。进入2000年后,中职学生择业的区域不再集中于东南沿海城市,开始向新兴城市、省会城市和特色发展中心聚集,西安、成都、武汉、杭州等一大批新兴发展中城市成为中职学生就业的首选地域。近几年各地方政府为吸引优秀人才,制定了大量的优惠政策,从薪酬福利待遇、政府补贴、购房优惠、户籍管理等方面做了大量工作。

中职学生就业难是一个现实问题,更是一个社会问题。社会主义市场经济体制的建立和发展,产业结构的不断优化升级,正猛烈地冲击着我国的中职教育,中职学生就业在社会转型期遇到了很大的挑战,多数学生都已感受到了就业的压力。在客观情况和自身因素的双重困境下,中职学生就业形势日渐严峻,必须在认识层面打破固有局限,创造性地看待问题、破解难题。

二、职业生涯规划的内涵

（一）职业生涯的含义

职业生涯是所有和职业相连的行为与活动以及相关的态度、价值观、愿望等持续经历的过程，也指职业选择、职位变迁、职业目标实现等过程。

职业规划是对职业生涯进行持续系统的计划过程，是指个人与组织相结合，在对职业生涯的主客观条件进行测定、分析、总结的基础上，对自己的兴趣、爱好、能力、特点进行综合分析与权衡，结合时代特点，根据自己的职业倾向，确定最佳的职业奋斗目标，并为实现目标做出安排。

（二）职业规划内容

（1）自我评估阶段：主要包括对个人的需求、能力、兴趣、性格、特质等方面进行分析，以确定个人具备的能力特征和适合的职业类型及岗位。

（2）组织与环境分析阶段：人是环境的产物，受环境影响，短期职业规划需要着重分析组织环境，长期职业规划要重视宏观社会环境分析。

（3）职业生涯发展评估阶段：指对职业发展的长期规划和短期规划。即通过对社会宏观环境的分析，结合个人自我评价具体情况，评估职业长期发展；通过对组织微观环境的分析，评估个人在组织中的短期发展。

（4）职业生涯目标设定阶段：职业生涯目标包括长期发展目标、中期发展目标与短期发展目标，从实施的角度看包括战略目标和具体目标，分别与长期规划、中期规划和短期规划相对应。

第二节　中职生职业生涯规划的影响因素及意义

一、职业生涯规划的影响因素

（一）健康因素

健康对于职业选择特别重要，几乎所有的职业都需要健康的身心。有人问古希腊哲学家赫拉克利特身体健康的重要程度，他说："如果没有健康，智慧就无法表露，文化就无法施展，力量就无法战斗，知识就无法利用。"

（二）年龄因素

年龄对职业生涯规划的影响也不容忽视。在对工作的态度和看法、尝试机会的勇气、完成任务的能力和经验等方面，不同年龄的人表现都有所不同。古人所谓"三十而立，四十不惑，五十知天命，六十耳顺"是有深刻道理的。

（三）性别因素

虽然男女平等的观念已被现代社会普遍接受，但性别因素仍然在职业中起着不可忽视的潜在作用。因此，在规划职业生涯和求职时，要做好充分的思想准备，寻求与性别相适宜的、与理想相统一的职业，有助于自己走向成功。虽然由于工作性质的不同，有一些工作适宜女性，有一些工作适宜男性，但男女具有同等的发展机遇，只要我们努力，每个人都能实现自己的职业理想。

（四）性格因素

性格在我们的工作乃至一生中都会起到很大的作用,每一个人都有自己独特的个性,所以每一个人的职业和人生也就不同,正是因为性格不同也就造就了形形色色的人。

（五）兴趣因素

兴趣对职业生涯规划的影响巨大。在影响个人职业生涯规划与发展的众多主观因素中,兴趣就像一双无形的手,对职业生涯的发展至关重要。现在有一大部分人在从事自己不喜欢的工作,这也是造成职业倦怠和职业边缘化的一个主要原因。

（六）家庭经济情况因素

家境的优劣也是影响职业生涯规划不可忽略的要素。家庭负担重的人,家庭责任感会使自己有着更大的就业压力,甚至会改变原来规划好的职业目标。因此,我们在进行职业生涯规划时,必须考虑家庭状况,以平衡家庭责任与理想之间的关系。

（七）社会环境因素

社会环境因素决定了社会职业岗位的数量结构层次,同时也决定了人们的职业观念,从而决定了就业的方式、职业观和个人职业生涯的历程。比如,目前我国市场就业机制的建立和发展,学校推荐,双向选择,自主择业,竞争上岗;国有企业的改革调整;职工下岗再就业机制的不断完善等。在这种状况下,某些行业劳动力相对过剩,岗位相对减少,若得到一个比较理想的职业,必然会加倍珍惜,工作态度和敬业精神就显得非常重要。

第二章　三全育人背景下的中职生职业生涯规划教育

（八）受教育程度

教育是赋予个人才能、塑造人格、促进个人发展的活动，教育程度是事业成功不可缺少的条件。获得不同教育程度的人，在个人职业选择时，具有不同的能量和作用：受教育程度较高的人，在就业以后会有很大的发展，在职业不如意时，再次进行职业选择时能力和竞争力也较强。受教育程度低的人，在职业选择和发展时相对处于劣势。人们接受教育的专业、学科门类及层次对职业生涯也起着重要的决定作用。

二、中职生职业生涯规划的意义

当前社会就业方面存在一定的矛盾，很多学生毕业后找不到工作，但是同时又有很多企业招不到人。中职学生作为技术方面的人才，对其职业道德的要求也不断提升，企业在员工招聘过程中会将职业素质作为首要考核标准，而中职学生由于年龄比较小，社会经验不足以及学校教育不重视职业素质教育等原因，导致在毕业后很难快速适应企业环境，因此加强对中职学生职业素质的培养尤为重要。从学生的角度来说，职业素质的培养直接影响学生的工作适应能力以及未来的发展；对于学校来说，学生的职业素养直接影响学校就业率；对于企业来说，职业素质培养直接影响企业的健康、可持续发展以及企业的最终利益。由此可见，加强对中职学校学生职业素质研究具有非常重要的作用和意义。

（一）有助于职业教育发展

职业教育的办学目标在于为社会输送生产、建设、管理等一线的一批批高素质劳动者与应用型人才。随着社会经济的不断发展，用人单位与企业越来越注重员工的职业能力与职业素养，传统意义上的"铁饭碗"，即在某一专业或行业领域中单纯依靠某一职业技能生存的观念已经不适用于当下社会。对此，中职学校不能单纯注重对学生职业技能的训练，还要强化对学生职业素质的培养，切实提升人才职业素养水平，为学生个人发展与提升社会竞争力做好充足准备。但对目前中职生来说，很多学生存在集体主义意识与合作精神较为欠缺等不良品质，这对其自身职业素质提升造成一定影响。就在校教育而言,中职生职业素质培养是较为薄弱的环节,但部分中职生仍难以引起应有的重视,无法正确对待职业素质训练中的要求,导致最终效果受到影响。社会环境对职业教育的期待值较高,尤其对学生的就业能力,若中职生在毕业时难以达到企业的需求水平,不仅家长的教育投资难以得到良好回报,而且还会影响市场对职业教育的认可,这对中职教育发展是非常不利的,因此可以说改革职业素质培养教学策略对职业教育发展具有一定的现实意义。

（二）有利于促进学生就业创业

就业是实现学生个人价值的重要途径,同时也是人民实现生活与生存的重要保障,扩大就业是我国当下与未来的重大任务。家长与学生对通过职业教育途径找到理想工作给予了很大期望,通过学习改变自己的未来发展路径与家庭经济情况是中职生的重要诉求。中职生作为特殊社会群体,他们面临着由学生向职场人转变的重要环节,中职教育是实现此转变的重要训练场所。而针对行业而言,虽然各个行业都有着自己的相应人才需求标准,但对人才基本职业素质要求都是相同的。对此,中职学校在教学过程中强调对学生优秀职业品质与高尚职业理想的培养,有助于提升学生的市场竞争力,促进学生的就业创业。对学生来说,通过职业教育逐渐树立敬业精神与奉献意识,感受到自己的职业责任感与使命感,进而可以快速适应各个行业与岗位的要求,成为符合社会发展与行业需求的专业人才,因此可以说改革职业素质培养教学策略对学生个人的就业创业具有重要积极影响。

（三）帮助中职生树立正确的择业观念

时下就业市场上之所以会出现"公务员热""金融热""房地产热"等现象,很重要的原因就是很多中职生没有正确的择业观念,而一味地追随大流,或者仅仅认识到社会环境对职业发展的影响,而没有考虑到自我的身心特点和未来发展的目标。没有正确的择业观念,带来的结果往往是就业中的四处碰壁,或从事了一个不适合自己的职业,导致个性被压抑,能力被限制,生活上郁郁寡欢,事业上步履维艰。"三百六十行,行行出状元。"对于有抱负的人而言,其实大多数职业都有广阔的施展空间,都能给人生带来成功的荣耀。正确的择业观念应当是自我认识、环境认识、价值目标认识的系统结合。而职业生涯规划可以帮助个体在此基础上树立具体的、有针对性的择业观念,从而对机遇的把握更为全面和深刻。

(四)指导中职生确定恰当的人生目标

目标是人生之路的灯塔,它指引着奋斗的方向,也给予奋斗的动力。但是,确定一个恰当的人生目标绝非易事。目标确定得过于宏大,就会找不到实现目标的入手之处,对个人成长起不到促进作用;目标确定得过于狭隘,会使得个人的成长受到过多的拘泥,最终限制了发展的空间。而职业生涯规划所包含的各种理论、方法、工具,可以帮助大家准确地认识自我,在正确的自我定位的基础上,结合外部条件和社会需要确定切实可行的目标。

(五)有利于促进个人努力工作

职业生涯规划的制定将会给个人树立一个明确的标靶,明确了目标,个人才能奋勇直进。随着职业生涯规划内容一步一步地实现,个人的成就感会不断地增强,这将有利于促进自己进一步向新的目标前进。随着职业生涯规划的不断实现,个人的工作方式和思维方式也将不断地发展和完善。

(六)有助于个人抓住工作的重点

职业生涯规划能够帮助我们评价工作的轻重缓急,并合理地对日常工作进行安排。一个人若是没有职业生涯规划,就会很容易被跟人生目标无关的日常事务缠绕,甚至沦为琐事的奴隶,无法实现人生目标。职业生涯规划就是为了帮助个人抓住工作的重点,增强成功的可能性。

(七)有助于个人评估自己的工作成绩

职业生涯规划的一个重要功能就是向个人提供了一种自我评估的

重要手段。具体规划的每一步实施结果都是可见、可测和可评的。制定了职业生涯规划,个人就可以根据规划的进展情况对自己目前已取得的成绩进行评价。

在当前这个时代,只有制定了一个好的职业生涯规划,我们才能掌握好自己的竞争优势,发挥个人的潜能,并能充分把握稍纵即逝的机会,实现预定的目标。

第三节 中职生职业生涯规划能力提升路径

随着职业教育事业的不断发展,中职学校的办学规模与学生数量得以不断扩大与增长。作为职业教育学校,中职的人才培养需要坚持以服务为宗旨,以就业为导向,向社会输送符合岗位实际需求的人才。但目前中职学校在学生培养方面尚存在一定不足,出现就业率低、失业率高等情况,出现此问题的原因主要在于学生个人、学校培养、社会就业环境等方面。通过对用人单位的沟通和了解后发现,中职生就业困难的很大一部分原因在于学生自身职业素质较低,中职学校毕业生在进入工作岗位后不能严格按照操作规范和公司的规章制度工作,在工作中缺乏责任感,团队合作意识不强,导致学生在毕业后无法快速适应工作岗位和职业人的生活,在待人处世方面仍然从学生的角度出发,无法融入公司的企业文化中。而这个问题直接影响中职学校学生和社会未来的发展,同时也凸显出中职学校教育中对学生的素质培养效果不佳。因此,针对这些问题中职学校必须要加强对学生职业素质的培养。

一、中职学生职业素质培养的现状

(一)中职学生职业素质培养主体性有待加强

目前中职学生职业素质的培养主体性尚存在不足。中职院校在职业素质培养中要避免出现传统相对独立存在的教学形式,要注重在实际培养中加强与相关企业、与对应行业的有效衔接,通过加强企业合作形式培养学生的职业素质,为学生构建出良好的职业素质锻炼平台,同时要结合行业发展趋势不断制定与改善培养方案,与相关企业共同制定学生培养方案。但在实际应用过程中尚存在一定不足,目前多种中职学校在培养过程中存在培养目标不明确、侧重点不足、校企合作不紧密等问题,使得学生职业素质水平难以达到社会发展需求的实际水平,无法切实适应于行业。

(二)中职学生职业素质培养标准有待明确

目前中职学校在职业素质培养中的各方面标准尚未明确,难以对学生专业方向中实际岗位需求进行深入分析,无法以此为基础设置相应的培养标准,这就使得学生即便满足课程需求,也难以有效满足社会发展与行业发展的实际需求。在授课方式上,中职学校单纯采取讲授讲解形式开展,反而忽略了对学生实践技能水平的提升,对学生个人职业素质提升造成限制。对此中职学校在职业素养培养过程中,要明确制定特定的职业素质,对职业素养相关内容进行有效梳理,通过对职业素质能力的深入分析,总结出职业活动中所需的技能要求与职业意识,实现对人才培养模式的不断创新。

(三)中职学生职业素质培养途径有待丰富

目前中职学校对学生职业素质培养的途径较为单一,缺少一定的丰富性特点。中职学校在职业素质培养中,大多以专业课程为途径开展教学,使得学生对职业素养相关内容的了解只能以专业课程为载体,对职业技能的相关系列,也只能局限于课堂中,难以结合社会发展需求与行业现状开展良好的职业训练。但实质上对学生职业素养的培养不仅可以通过课堂这一渠道,还可以借助校园文化构建、企业职业素质培养等途径来实现,以此实现职业素质培养内容的丰富,有效提升学生综合职业技能。

(四)中职学生职业素质评价机制有待创新

目前中职学校对学生职业素质的考核机制较为单一,大多单纯以讲解形式让学生掌握技能,以笔试形式对学生综合技能水平进行考核,此考核形式具有结果性特点,难以真实反映出学生对知识技能的掌握程度,同时也难以全面考查学生对课程的参与情况,且部分学校的考核机制尚未建立标准的评价方案,使得评价机制难以充分发挥对学生综合职业素质提升的监督作用。

二、中职学生职业生涯规划的路径选择

当前,随着教学改革的推进,新的教学内容为学生带来新的契机,同时也让学生面临着诸多的问题和困惑,为了帮助学生摆脱窘迫的状况,需要通过职业生涯规划,进行细致化的安排和设计,探索出新的教育教学路径,实现整体教育教学的创新和实践,从整体上把握学生的成长方向,让学生进行有目的的学习,以促使学生的均衡发展和成长。在实际的工作中,针对中职学生的情况,全面进行职业生涯规划的安排和设计,要结合学生对这一问题的认知深刻地进行剖析,研究出与学生成长有关的具体目标和方案,要让学生真正找到自己前进的方向,加深学生对未来成长的了解,科学化地做出布局,促使学生能够全方位地了解自我。

(一)制订合理化的职业生涯规划目标和计划,奠定牢固的基础

任何工作的开展都需要有一个明确的目标,合理地制订与学生相关的计划,才能让学生对工作进行细致的安排,促使学生的学习方向更加明确,更好地发挥主观能动性。在全面推进中职学生职业生涯规划教育的过程中,必须结合学生的实际,进行有目标的设计,帮助学生树立正确的人生目标,促使学生全方位地了解自我的成长方向,帮助学生进行选择,在此过程中需要充分调动学生的积极性,以学生为中心,加强与学生之间的联系,能够让学生畅所欲言地表达出自己的观点和看法,并对错误的认知进行及时的疏导。比如在进行中职学生职业生涯规划教

第二章　三全育人背景下的中职生职业生涯规划教育

育的过程中,教师可以主动与学生进行密切的交流和互动,要多给学生提供更为高效的指导方案,要让学生充分而全面地认识自我,帮助学生从多个方面发现自己的优点和长处,切实增强学生的自我认知,要使学生学会自我教育和自我监控。在这样的科学化指导下,才能为学生职业生涯的规划奠定坚实的基础做好铺垫。

（二）研究和拓展职业生涯规划的发展方向,铺设广阔的路径

由于学生接受知识和掌握课程的能力各有不同,所以在组织各项教育教学实践活动的过程中,更应该注重职业生涯规划的探索和分析,要制定符合学生实际的研究方向,确保其内容更具时代性,能够充分把握学生的成长规律,确保学生所接受的内容更加新颖独特,这样一来才会不再局限于某一个职业内,彻底打破学生陈旧的思想,为学生设计一条更为广阔的成长道路。要不断研究和探索新的方向,才能让中职学生的职业生涯更加精彩丰富,确保理论与实践密切统一,促使中职学生的终身发展,以确保中职学生在职业生涯规划的道路上获取更大的进步。比如在整体方向的运行中可以充分利用信息化的资源,模拟工作场景,采用移动学习的方式,搭建广阔的平台,制定清晰的研究方向,让中职学生拥有更多的机会参与到职业生涯之中,这样一来才能让学生的体会更加深刻,促使学生更加积极地融入职业的探索中,并找到自己的成长方向,从而为学生的全面成长和进步铺设一条广阔的路径。

（三）深度地挖掘职业生涯规划的丰富资源,创造良好的契机

当前,并不是所有的学生都能与家长共同探讨职业生涯规划,而许多参与的行为也缺乏实践性,学生不能找到自己职业生涯规划的目的,最终导致学生不能做出科学化的判断。针对这一点,全面进行资源的拓展和延伸,才能成功地解答学生心中的疑问,让学生攻克各种难关,在实践性的活动中感同身受,增强学生对职业生涯规划的了解,并为学生创造成长的机会,成功地带领学生不断地前行;并让学生合理化地安排时间,努力进行各项工作的研究和探索,在学习中感受到职业生涯规划的教育意义。所以在此过程中可以充分利用家长这一资源,全方位进行职业生涯规划的探索和分析。通过建立家长资源库以及借助家长的社

会关系建设行业资源库,可以作为职业生涯规划教育课程资源非常重要的补充。在研究性学习活动和社会实践活动中,借助家长的这些资源,可以帮助学生更加全面地认识各种各样的职业,以及这些职业与自身是否匹配。另外,也可以利用基础院校、中职老师以及教育机构,进行职业生涯规划的探索,以协调各方面的力量,增强凝聚力,齐抓共管,共同促进职业生涯方面教育的发展。

总的来说,从学生的成长状况来看,目前中职学生职业生涯规划的教育状况不尽人意,其中既有学生本身的原因,也有教育教学引导的问题,这些状况亟需得到解决和完善。

三、中职生职业素养的培养分析

目前中职学生的状况分析众所周知,现在入学的中职学生大部分是普通高级程度中等学校招生考试的落榜生,在激烈的应试教育中往往遭到淘汰,甚至不得已才选择继续就读中等专业院校。而且多数学生除学习成绩较差以外,行为习惯和个人思想道德品质也亟待改善。在中职学生中往往具有如下这些消极因素:厌学心理现象严重、职业发展志向不明确、行为习惯养成教育不足、社会责任心不强、法纪观念淡薄等。面对中职生的各种不足,我们要以发展的视野、积极的心态,关心每一位学生,积极探索新型的教学模式,革新教学服务理念,提升教师教学技能,积极寻找切入点,以培养中职学生职业素质为目标,培育出公司中意、社会青睐的合格的劳动者和优秀的人才。

(一)职业素养的概念

职业素养是一个广义的范畴。从广义上来看是指社会人在参与某一具体社会活动过程中所应该具备的基本素质与修养。从公司需求方面来看,可分为职业标准、职业形体、职业技能、职业态度、职业道德五大方面。而中职学生对专业技能的培训,也应该和公司对员工专业素质需求相符,所以中职学生的职业素养定位主要可以在以下两个范围内:一是"德",即行为习惯、心理素质、职业工作精神和职业道德;二是"才",即话语表达、专业技能、思维能力、专业创新能力等。前四大方面构成职业意识,后四大方面则构成职业技能。高尚的职业理念是职业素

第二章 三全育人背景下的中职生职业生涯规划教育

养的精髓,崇高的职业奉献精神是职业素养的基础,精湛的职业技能是职业素养的基石,卓越的职业作风是职业素养的体现。优秀的职业素养并不仅仅是公司对雇员的需要,而且许多企业和企业内部也把其作为招收雇员时考核的主要内容之一。

(二)中职生职业素养提升的具体策略

1. 优化专业设置,改善办学模式

办学模式与专业设置很大程度上影响了中职学校的发展与学生的专业能力,因此优化专业设置、改善办学模式是促进中职教育水平全面提升,提升中职生职业素养的重要途径。首先,要构建联合办学模式。对中职学校来说,各个学校都有其不同的侧重点,各专业学科同样有所侧重,对此各学校要以职业教育为出发点,摒弃以往的竞争与排外意识,构建出强强联合、强弱结合等办学模式,强化各学校之间的相互合作与共同进步,有意识地引入社会资金,通过联合办学模式,有效解决资金不足与资源分配不足等问题,进而推动职业教育的稳步发展。其次,要优化专业设置,坚持专业设置综合性原则。随着职业教育的不断发展,中职学校在内部专业上有所调整,但部分院校在发展中逐渐趋于专门性,在发展过程中过于侧重其所擅长的专业,这就使得其学校毕业生虽然在此行业具有较强的竞争力,但在就业环境复杂多变、职业竞争日益激烈的当下,其毕业生就业范围相对狭窄,再加之其相应的岗位本身就是有限的,随着各行业向私人化开放,岗位也随之减少,若单纯坚持窄范围的专业设置,其未来的发展路径必然是艰难且有限的。中职学校注重体现专业设置的综合性,并非只涉及所有的专业学科,这样对中职学校来说无法做到,也难以具备充分的资源,同时也容易导致重复性建设,造成大量资源的浪费。因此,专业设置综合性是建立在职业市场需求基础上,跨学校类别与行业设置相应专业,通过专业设置的多样化提升中职生专业技能,进而有助于提升中职生的职业素养与自身竞争力。最后要构建"大专业、小方向"的专业模式,中职学校在专业设置上应紧跟市场需求,但同时也不能拘泥于行业限制。对此,中职学校在专业设置方面,要尽可能将类似专业归为同一模板,这样不仅可以有效节省教育资源,还有助于提升学生的专业性,如计算机类专业可细分为计算机美术、计算机多媒体等专业方向,使得大专业的学生可以在有限的时间内掌握尽可能多的知识,进而促进学生专业性发展。

2. 强化基地建设,创设实训条件

实训基地是学生开展理论与实践操作的场所,不仅有助于提升学生的职业能力,还有助于提升整个学校的教学水平,对此,中职学校要强化对学生实训基地的建设,为学生创造良好的实训条件。首先,要从校内实训基地入手,职业教育注重对学生技能操作的训练,这就要求学校为学生提供较为完善的实训基地,以便学生按照未来专业岗位技能要求进行实操训练,如针对食品类专业,设置食品加工实训室、葡萄酒加工实训室、蔬菜花卉大棚等,以供学生使用,让学生在实训参与中树立正确的职业态度。同时在实现教学中,要注重以实际生产为出发点,通过多种教学方法应用,让学生切实体会到企业完整的工作流程,进而掌握实际岗位中各项工作任务所需的理论基础与实践操作能力。其次,要从校外实训基地入手。此基地的建设有助于强化学生与社会环境的有效衔接,让学校及时掌握人才市场的变化,进而以此为参考进行人才培养方案的调整。比如,学校通过校企合作形式共同构建校外实训基地,在解决企业用工需求的同时,为学生扩展岗位实习实训条件,还可以邀请企业技术骨干参与到学校人才方案制定或课程开发等工作中,实现教学与实际生产的有效衔接,让学生在实训中接触先进技术与前沿信息,并可以被企业择优录取,为企业发展带来动力。

3. 改善管理制度,实现因材施教

中职学校的生源大多存在文化基础水平较差、学习兴趣不足等问题,给专业课程教学与学生管理带来一定挑战,一方面体现在缺少规范且严谨的管理制度,另一方面体现在现有制度难以有效执行。在学生管理方面,大多数需要借助班主任的个人能力。这一现状的存在对学生个人成长造成一定影响,对此中职学校要改革与完善学生管理制度,进一步实现因材施教模式。大多数中职生处于青春期叛逆阶段,对强制管理条例存在叛逆心理,对此学校可采取人性化管理办法。在管理方法制定上,可引导学生参与到管理办法制定环节中,班主任切实听取学生的意见,并整合学生合理需求融入管理办法中,这样不仅可以充分体现出对学生的人性化管理特点,还可以带动学生的自我约束与自觉行为,以学生制定的条例约束学生可以起到良好的管理效果。在奖惩制度上,学校要具备灵活性特点,及时发现学生身上的闪光点并给予奖励,发现错误要及时引导,避免直接说教或批评的形式,要注重学生的思想引导,让其及时发现自身缺点并予以改正。在制度执行上,考虑到每一位学生都有其自身的特点,班主任要善于发现中职学生自身的优势,设置适用于中职生的独特管理办法,充分调动学生主观能动性与自我约束意识。

综上所述,中职教育是职业教育体系中的重要组成部分,其肩负着培养高素质人才与劳动者的重要任务,其所培养的中职生是推动社会经济发展的重要基础,这就表明中职生的职业素养培养显得尤为关键,其不仅影响学生个人的成长,甚至对未来经济发展产生一定影响。因此,中职学校要加强对学生职业素养的培养,通过优化专业设置、改善办学规模、强化基地建设、为学生创造实训条件、改善管理制度、实现因材施教模式等途径,强化对学生职业素养的培养,进而促进中职生整体水平有效提升。

4. 结合专业特色的职业素养教育

职业素质包括了品德、人格、行为、领导才能等多个方面,虽然各个专业学生都有着一致的学习方向,但是职业技能要求却各有不同,所以根据学科特色进行职业素质训练是十分有必要的。那如何根据专业特性来开展职业教育呢?首先建设真正的"双师型"教师团队,教师是强教之本,是教学的具体实践者,没有好的教师再好的教学课程都不一定能培育出优质的学生,具有良好职业素质的"双师型"专业师资团队可以由校内老师和校外公司的兼任老师构成,校内老师的"双师"素质不仅仅停留在口头上,要下公司进行一定时间的实际训练,要经常总结,并能真正了解公司需要什么样的人才,和人才培养中缺少的是什么,要有能针对性设计教学的能力。其次要加强工学结合、校企合作,通过建立校内外的实践基地、实习协议和订单培训,深入拓展工学融合、校企合作的内容并开展行业教育和企业文化培训,通过聘请校外著名企业家及专家学者来校举办提高专业技术人才职业素质的讲座、文化交流活动、实践教学等,使学生能在学校内提高专业素质。

三、职业生涯规划教育对培养中职生综合素养的作用

中职生的综合素养的高低决定了生存于社会的易难,为了更好地生活,也为了更好地适应社会发展,提高中职生的综合素养已是当下必须考虑的重要问题。

第一,在职业生涯规划教育中,通过培养职业核心能力可提高中职生的综合素养。职业核心能力的培养是职业生涯教育的重要组成部分,具有极其重要的地位和作用。众所周知,早在2006年,教育部"16号文件精神"就已指出,要注重和加强对当代中职生的学习能力、社会实践能力、创新创业能力,及今后个人从事行业的职业核心能力的培养。当下,职业核心能力在各种能力中的地位与作用已经与计划经济体制下的能力不可同日而语。这也是新时代各类企业对中职生的职业素养要求。就职业核心能力而言,可大体分为三个组成部分。首先是最为基础的核心能力部分,如团队组建、行业沟通、个人管理等。其次是拓展的职业核心能力,如信息搜集汇编能力,突发问题处置能力等。最后就是个人的一些延伸能力,如掌握全局能力、计划执行能力、心理的自我调节能力等。在职业生涯规划教育过程中,通过培养职业核心能力有利于中职生综合素养的全面形成,从而进一步提高其核心竞争力,促进中职生高质量就业。[1]

第二,在职业生涯规划教育过程中,中职生能够更为全面地了解自身特质与能力,激发潜能,提高综合素养,实现全面发展。对中职生进行职业生涯教育是当下促进中职生更好就业的客观需求,也是高校教育体制改革的需要,更是中职生成才成长的重要保障。我们知道,职业生涯教育注重个人的特质分析和综合表现,在生涯教育过程中,中职生能通过参与各种互动体验活动,更为全面地认识自己,从而帮助个人了解其内在的特质与主要能力,从而促使其提升综合素养。中职生职业生涯教育作为一项长期性、全面性和可持续性的教育活动,能够在中职阶段帮助学生尽早改变传统就业观念,树立生涯规划意识,确定职业奋斗目标

---

[1] 罗开田,何光芬.职业生涯规划教育对培养当代大学生综合素养的作用[J].四川民族学院学报,2013,22(6):94-96.

第二章　三全育人背景下的中职生职业生涯规划教育

以及个人的工作、学习、培训计划。与此同时，通过职业生涯规划教育过程中开展的各种兴趣活动、案例研究分析，特别是结合各种校园文化活动的开展，可以使中职生有更多的实践机会提高自身的综合素养。

第三，职业生涯规划教育在提高中职生综合素养的同时，也有利于中职生身心素养的健康发展，有利于更加全面地促进中职生的就业。在过去应试教育的背景下，很多中职学生忽视了对自己多方面能力的培养，如抗压能力、心理调节能力和良好的人际沟通能力等。而职业生涯教育中，有很大一部分是心理学知识的运用和拓展，对中职生的身心健康起着重要的作用。通过职业生涯教育，根据个体的不同特征因势利导，发展和挖掘学生的内在特长，使学生身心得到健康发展，从而完善学生的性格，提高自身的综合素养，为就业打下坚实基础。

总之，为了更好地促进中职生高质量就业，提高中职生的综合素养，开展中职生职业生涯规划教育具有不可替代的重要作用。我们应在中职生的生涯规划教育中结合不同学生的相关特点，有针对性地开展职业生涯教育，才能更为全面地完善学生个性，从而使学生形成较强的专业素养和全面的综合素养。

四、中职生职业素养培养实践———以汽修专业为例

职业素养是从事职业活动过程中所需要具备的就业意识、工作能力、职业行为、行事作风、行业道德等方面的集中体现，是一个人能否得到社会认可、领导肯定、群众好评的重要标尺。但在现实生活中，不少用人单位反映有的中职学生能力不高却有些虚张声势，本事平平却架子不小，责任心差却好高骛远，作风懒散却喜好吹嘘等，这些反映其实戳到当前不少中职生职业素养差的痛点，也将矛头指向培养学生的中职学校。中职学校作为培养具有综合职业能力的在生产、服务、技术和管理第一线工作的中、初级实用型技能人才的基地，培养学生良好的职业素养显得尤为重要。当前，中国特色社会主义进入新时代，中职生不仅将挑起社会主义现代化建设者与接班人的重担，还将挑起实现中华民族伟大复兴中国梦的责任，没有良好的职业素养将会是一句空话。中国是世界第一大汽车生产国和消费市场，汽车维修市场同样伴随汽车市场快速发展而持续兴盛不衰，汽修专业也成为大家公认的朝阳产业，有着广阔的发展前景与拓展空间。本文结合课题研究成果，以汽修专业为例,就中职学校如何在理论教学、技能训练、综合实训、顶岗实习中进行职业素养教育、渗透,为各个专业职业素养培养提供可资借鉴的方法与措施。

(一)理论教学中渗透职业意识

每位教师都承担着教书育人的责任,尤其是专业教师更要充分利用课堂教学主渠道,在传授学生理论知识与专业技能的同时,持续对学生进行课程思政教育,重点进行职业素养的教育与渗透。善于运用案例、任务驱动、小组讨论、小型辩论等教学方式,对学生进行职业行为、职业道德、职业理想等方面的渗透。比如,在理论教学时,介绍某汽车维修服务有限公司总经理刘某骗取保险金的案例。该公司总经理刘某以维修为幌子,暗地里伙同他人做起骗保"生意"。或利用车主来修车之际,商议伪造、故意制造交通事故的方式,骗取保险理赔金,从中非法获利;或者伙同公司员工、被保险人等,虚构保险金额。先后骗取多家保险公司理赔款共计70余万元等。引发学生思考:刘某的行为是什么行为,对汽修专业学生有什么启示,让学生以案例为鉴,明白遵纪守法、合法经营是从事职业行为的基本要求。围绕"诚信经营与社会责任要求"等话题展开小组讨论,让学生深刻认识到诚信经营是企业经营的基本要求,也是为人处世的基本准则,只有诚信经营才能真正承担起社会责任。或者以"汽修专业人员需要重视与不需要重视仪容仪表与外在形象""汽车维修业务接待需要或不需要专业知识"等为题举行小型辩论,让学生明白从事汽修行业的任何人都需要讲究仪容仪表、树立形象,需要掌握汽车与汽车维修等相关专业知识,提升学生对汽修行业的认同感。邀请一些有名气的汽修企业领导、技术大师、技术人员到学校为学生介绍如何精益求精地开展维修业务,增强学生的职业意识。或邀请往届优秀毕业生返校现身说法,向学生介绍他们毕业后凭借所学一技之长,一步一个脚印走向成功,获得职业生涯初步成功的生动事迹,让学生接受生动形象的职业意识、职业理想、生涯规划、职业态度、职业行为等方面的教育,进一步激发学生学习专业的兴趣,调动学习专业的干劲与热情。

第二章　三全育人背景下的中职生职业生涯规划教育

（二）技能训练中培育职业能力

加强技能训练有助于培养汽修专业学生的动手操作能力，扎实掌握一技之长，这是提升学生职业素养的重要途径。职业学校要培养实用型技能人才，就要坚持"教学做合一"的教育思想，进行理论与实践一体化的教学探索，培养学生专业基本技能。有条件的学校要建立先进的汽修实训室，引进整理（SEIRI）、整顿（SEITON）、清扫（SEISO）、清洁（SEIKETSU）、素养（SHITSUKE）、安全（SAFETY）、节约（SAVE）、学习（STUDY）的"8S"管理，让学生在现代化、标准化的模拟汽车维修店中，体验着先进管理的场景与设备，培育学生良好学习习惯，进而提高就业竞争能力。到实训室或实训基地上课，场地开阔，教师往往监管不到，个别学生偶尔会不自觉地偷懒、嬉戏、打闹，放纵自己的行为。在教学之前，教师要对学生明确提出各种要求，做到严格遵守课堂纪律、实训纪律，严肃、认真对待每一次技能训练，努力克服偷懒、松懈、心不在焉等不良行为，杜绝学生应付了事地对待技能训练的现象。根据实施性教学计划与教学进度，经常组织学生到校内实训基地进行各种修理技能实践，提升学生的动手操作水平和检测能力。在技能训练时，教师在动作分解、注意事项讲解、示范演示之后，要鼓励学生发挥不怕苦、不怕脏、不怕累的精神，按照实践的基本步骤、程序与要求，遵守安全注意事项，胆大而心细地进行拆卸、调试、检测、维修、安装等各种活动。只有这样，才能真正培养学生的职业行为与能力，培养他们一丝不苟、严谨认真、精益求精的工作态度。每次技能训练结束，要进行专业技能的考核、评比，对积极参与训练、动作娴熟、效果良好的学生进行表扬，对个别吊儿郎当、不负责任的学生提出批评。每个学期末，以班级或年级、学校的名义，开展各种汽修技能竞赛，以技能竞赛成绩为主，参照平时参与技能训练的表现及期末考试，作为该学科的学业成绩，载入学生档案；注意选拔技能优秀的学生，组成团队进行强化训练，备战各级汽修专业技能竞赛。通过不断强化专业技能训练，举行专业技能竞赛，形成"比、学、赶、帮、超"的浓厚氛围，有效提升学生的职业能力。

（三）综合实训中培养职业素养

为确保学生扎实掌握专业技能，除了平时进行技能训练之外，学校要组织开展综合实训活动，这是全面培养学生职业素质的重要渠道。采用"双师"管理模式，由学校专业指导教师和企业技师协同管理、指导学生。专业教师重点对学生实习进行纪律安全管理、计划安排，企业技师则重点对学生进行维修实践的技术指导、安全指导，培养学生的动手操作能力，缩短专业教学与职业行为之间的差距。实习期间，学生要撰写实训报告手册，企业技师和专业教师对学生进行技能和素养量化考核，并按星级给予定性分析评价，形成专题报告，有效帮助学生提高专业技能和综合素养。综合实训实际上是对学生所掌握职业技能的一次全面考核，也是学生下一步顶岗实习的"预演"。综合实训组织得好，有助于全面提升学生的专业知识与技能，进一步增强学生的职业信念、团队理念、沟通能力、安全意识、责任意识和服务意识等，对后续的顶岗实习与今后的求职就业都将产生重大影响。

（四）顶岗实习中提升职业素养

顶岗实习是学生将所学专业技能应用于实践的一种展现，一般是在校期间的最后一段时间（多以半年为期），由学校组织学生到行业企业的相关岗位上，以准员工形式，遵循日常上班管理制度参与职业活动，并获得一定的劳动报酬的实践活动。学校要挑选一些管理规范、企业文化浓厚、有实力的大中型企业，为学生施展专业能力提供良好的平台。实习之前，制定实习指导书，进行专项实习动员，对重点技能再次强化训练，加强思想政治与职业行为、工作纪律、职业道德、安全生产等方面的教育，以便学生进入实习单位，尽快转变角色，顺利地进行顶岗实践行为。实习之中，指导教师要深入企业之中，经常利用周会、班会、座谈交流、专题讲座等方式，对学生进行遵纪守法、团结合作、安全事项、工作习惯等方面的再教育。引导学生既要勇于承担责任，积极主动地参与职业活动，又要严格遵守企业规章制度，培养优良作风，努力塑造合格的准员工。驻厂指导教师要与企业技术人员、管理人员一道，充分应用行业文化、企业价值观、行业规则、服务标准、先进人物事迹等文化载体，

第二章　三全育人背景下的中职生职业生涯规划教育

采取以案说理、现身说法、劳动竞赛等方式，对学生进行职业素养、工匠精神、职业道德等的渗透。比如通过介绍优秀员工运用所学专业技能，积极服务社会，实现人生价值的成才案例，引导学生树立正确的择业观、成才观、价值观，培养其良好的职业素质。以劳动竞赛为载体，开展个人或小组专项技能、工艺创新、技术发明等竞赛，培养吃苦耐劳的职业精神、磨练坚韧不拔的职业意志。不断完善实习考核评价，综合考核学生在实习期间的职业行为、实践能力、绩效表现等，载入实习考核成绩。通过顶岗实习，能够充分展示学生个人的专业技能与职业能力，促进学生职业素质的提升。

职业素养是中职毕业生求职就业的"敲门砖"，其素养有无与高低，极大地影响着每一个中职生职业生涯的成败。汽修专业实践性、操作性很强，更需要广大专业教师积极探索、研究学生职业素养的方法与途径，随时随地对学生进行职业素养的教育与培养。充分利用课堂教学主渠道，进行职业意识渗透；大力推行理实一体化，在技能训练中培养与提高学生职业能力；科学有序地组织综合实训活动，滋养学生的职业素养；在顶岗实习中培养学生的职业行为与职业道德，进而全面提升学生的职业素养与综合素质，为他们将来走向社会成功就业、磨砺成才奠定更加坚实的基础。

第三章　三全育人背景下的中职生就业指导教育

在三全育人背景下,当代中职生面临着更多的机会与压力。为了更好地适应社会发展的趋势以及人才强国战略的要求,中职生需要对自身的就业能力给予充分的认知与准备,只有有效提升自身的就业能力,才能在毕业走入社会时顺利实现就业。本章重点研究三全育人背景下的中职生就业指导教育与提升路径。

第一节　中职生的就业权益与法律保障

一、中职生权益保护

中职生权益维护是一个系统工程,其中中职生是根本因素。每一位中职生都要学会依靠自身力量维护权益,不应当过度依赖学校和社会组织。因此,中职生要增强自身的保护意识,学会用法律手段维护自身合法利益。

(一)增强自身的保护意识

第一,中职生应对国家有关中职生就业的相关政策法律等有深入了解,这是中职生能够进行自我保护的前提。

第二,中职生应该自觉遵守有关法律法规对自己的制约,同时不侵犯其他中职生的合法权益。

第三,在用人单位接受中职生的过程中,中职生也应该进行自我保护,对侵犯自己合法权益的行为坚决抵制。

第四,在自己的合法权益被侵犯时,中职生要学会运用法律武器保护自己。

(二)增强自身的诚信意识

中职生在就业求职的过程中,无论是自荐、应聘、面试、笔试,还是洽谈就业意向,都应本着诚实守信、平等优先的原则,以自身实力参与竞争。

(三)增强自身的证据意识

中职生一定要有证据意识,因为法律是靠证据来说话的,所以,中职生凡事要多留心,留好证据,如单位招聘时的海报、与单位往来的传真、邮件等,以便将来在仲裁或诉讼时支持自己的观点。

三、中职生就业的法律保障

中职生的权益是通过与用人单位签订就业协议书和劳动合同的方式确定下来的,所以也要通过此种途径保护自己的合法权益。

(一)就业协议书

1. 就业协议书的内容

就业协议书的内容如表 3-1 所示。

表 3-1 中职生就业协议书内容

	姓名		性别		年龄		民族	
中职生情况及意见	政治面貌		培养方式					
	专业				学制		学历	
	家庭地址							
	健康情况							
	应聘意见：							
						中职生签名：年 月 日		
用人单位情况及意见	单位名称						单位隶属	
	联系人		联系电话				邮政编码	
	通信地址							
	单位性质	所有制性质	□党政机关 □科研事业单位 □学校 □商贸公司 □厂矿企业 □部队 □其他					
			□全民 □集体 □合资 □其他					
	档案转寄详细地址							
	用人单位意见：			用人单位上级主管部门意见：				
				（有用人自主权的单位此栏可略）				
	签章 年 月 日			签章 年 月 日				

① 王安科.中职生职业指导与创业教育[M].兰州：兰州大学出版社，2021.

第三章 三全育人背景下的中职生就业指导教育

学校联系人		联系电话		邮政编码	
学校通信地址					
学校意见	院（系、所）意见： 签章 年 月 日		学校中职生就业部门意见： 签章 年 月 日		
备注	（补充条款）				

(二)劳动合同

签订劳动合同是中职生就业面临的第一个考验。为避免中职生遭受不必要的挫折和损失,我们将有关中职生在签订劳动合同过程中应注意的事项介绍如下。

1. 及时与用人单位签订劳动合同

中职生报到后,用人单位应当与中职生签订正式的劳动合同,在双方签订了劳动合同后,双方的具体劳动关系应当以劳动合同为准。如果不签订劳动合同,用人单位则可能以《中职生就业协议书》作为双方处理劳动关系的依据,主动权更多地掌握在用人单位手里。

2. 中职生有"知情权",应了解用人单位相关的规章制度

在签订劳动合同时,不少单位可能会给中职生一本员工工作手册或规章制度等材料,此举意味着单位已告知你相关规章制度。因此,发现合同中有涉及单位规章制度的条款,你应当先了解这些规章制度,能接受的,才能签字。

第二节 中职生的就业准备与就业技巧

一、中职生的就业准备

(一)就业信息的准备

1. 就业市场形势信息

就业市场形势信息包括社会经济发展形势、国家的经济发展战略、

产业结构的调整和变化等。中职生一定要了解就业市场形势信息,以便不断丰富自己的知识,提高自己的能力,使自己成为符合社会发展需要的人才。

2. 就业招聘活动信息

就业招聘活动信息包括召开企业说明会、宣讲会的时间、地点,举办招聘会或供求洽谈会的时间、地点,网上招聘的具体流程和实施方案。

3. 就业政策信息

就业政策信息是指政府为了解决现实中中职生就业问题制定和推行的一系列方案及采取的措施。如中职生志愿服务西部计划、基层就业等一系列政策信息。近年来,为保障中职生就业,中共和各地方政府先后颁布了一系列有利于中职生就业和鼓励中职生创业的政策法规,了解这些就业政策是中职生求职择业的重要一步,对中职生求职择业会起到事半功倍的效果。

4. 用人单位信息

用人单位信息包括用人单位的名称、地址、经营状况、发展前景、企业文化、福利待遇等,只有对用人单位有充分的了解,才能选择更适合自己的单位,也才能在用人单位中快速地找到自己合适的位置,不断提高自己,使自己更好地融入集体。

(二)就业知识的准备

当今的中职生要想在就业的大潮中立于不败之地,就必须拥有合理的知识结构。当然,中职生的知识结构没有一个固定不变的模式。但从中职生就业角度考虑,必须具有以下几个方面的知识。

1. 扎实的基础知识

中职生在毕业前,必须掌握扎实的基础知识,积极拓展自己的知识面,这样才能有效地拓宽自身的择业面,给毕业后的择业、就业创造更多的机会。

2. 广博的相关知识

中职生知识面偏窄的问题早已存在,主要表现为非专业知识的贫乏,甚至出现过文科生不知爱因斯坦、理科生不知曹雪芹的笑话,而实际社会中对"通才"的需要却远远大于对"专才"的需要。作为一名中职生,应该利用在校学习的时间,不断完善自身的知识结构,如果知识面太窄,则难以适应工作的需要。缺乏本行业的专业知识,就无法实施具体的工作。因此,在学习过程中,应把这两方面结合起来,努力成为复合型人才。同时,不能仅仅是对过去及现有知识的继承、积聚、掌握与应用,更要实现知识的不断更新,以适应知识经济时代的需要。

3. 精深的专业知识

专业知识是指中职生在上学期间需要学习的本专业的学科知识,是中职生走向社会,成功就业的前提,只有拥有了精深的专业知识,才有可能充满自信地在其他方面努力去提高自己,让自己成为更好的自己。

(三)就业能力的准备

1. 良好的创新能力

中职生要想具备良好的创新能力,就必须首先要具有良好的创新思维。创新思维是能摆脱成见、构筑新意、在认识上产生新的突破的思维,是人类的一种高级思维活动。它是抽象逻辑思维与具体形象思维的统一、分析思维与直觉思维的统一、顺向思维与逆向思维的统一、发散思维与聚合思维的统一、智力与非智力因素的统一。思维活动怠惰,就不可能有创新。

2. 健美的身心素质

无论是学习和掌握先进的科学技术，还是适应紧张的社会生活和工作，都离不开强健的体魄。

中职院校学生体质达标，是中职生的必备条件之一。中职生应具有正常的发育、强健的体魄、较强的耐力和反应能力、良好的体能及健康的体质。这主要从身体形态、身体机能、身体素质、体育课成绩、课外体育锻炼等方面进行综合评定。具体考核的指标包括体重、胸围、身高、肺活量、视力等。

3. 良好的学习素质能力

不同的知识体系只有处于一个合理的结构之中，才能使其静有其位、动有其规、各显其能、优势互补。知识结构因人才类型、层次而异，不存在固定的普遍的模式。目前，学术界提出的比较有代表性的知识结构有三种模式。

第一，强调基础理论宽厚扎实和专业知识广博精深的宝塔型知识结构。

第二，强调知识广度与深度统一的网络型知识结构。

第三，强调个体知识与整体知识有机结合的帷幕型知识结构。

这三种知识结构虽各有不同，但每一种模式都表现出博而不杂、专而不偏、基础雄厚、适应性强的共同特征。

4. 与他人团结协作的能力

合作精神是中华民族处理人际交往关系的重要伦理准则，是维护国家统一和社会稳定的精神力量。当今时代，竞争已经成为一种新的道德品质。然而，竞争与合作是共生共存的。不能为了团结合作就放弃正当的竞争，同样，也不能因为竞争而破坏团结与合作的人际关系。合作精神也是当代中职生在处理交往关系时应当具备的道德品质。

二、中职生的就业技巧

（一）择业笔试的应对策略

笔试是招聘单位采用书面形式对应聘者进行考察和评估的一种测试形式，是中职生求职应聘的一个重要环节。笔试考查范围一般包括基本知识、专业知识、文化素养和心理健康等，实际是考察应考者的综合素质。由于笔试成绩具有真实、客观、公正及便于排序等特点，所以笔试是各类招聘单位普遍使用的考查方式。熟悉和了解求职中的笔试环节对中职生来说十分必要。

无论公务员考试、事业单位考试还是企业招聘考试，其笔试都是一种能力测试，考生应注重平时的知识积累和综合素质的提高。平时的学习和积累，中职生可以从以下方面做准备。强化基础知识熟练程度，在学习过程中促进专业知识体系的形成。中职生们可以利用外语和计算机技能获取更多的信息，注重在学习过程中将专业知识融会贯通，不断地提升自己的综合素质。

先易后难，先简后繁。笔试题型多，内容多，又要限时，必须合理安排答题时间。了解题目类型、难易程度、分数多少，根据先易后难、先简后繁的原则确定答题步骤。

除了对笔试形式和内容做到细致的了解外，应聘者还应充分重视准备考务文具及关注考试时间、地点，安排考务行程。

应考者还需规划好考试行程。如果考试地点在当地，一般情况下考试当天通往考点的道路通行压力增大、公共交通压力增大，考生需较平常提早出发。如果考试地点在异地，则应注意安排好长途客运时刻及异地住宿，以确保按时从容地参加考试。

（二）择业面试的应对策略

面试是招聘单位以当面交谈的方式对应聘者进行考察的形式。面试是招聘单位直观地了解应聘者求职动机、就业意向、表达能力等的有效方式，同时也是应聘者向招聘单位详细了解就业环境、工作内容、福利待遇等的宝贵时机。面试是招聘过程中具有决定性的环节,应聘者的面试表现往往是招聘单位做出决定的重要依据。本节将介绍面试的形式与内容、面试的准备和面试的应对策略,以帮助应届中职生在面试中脱颖而出。

1. 面试的准备

求职面试时,大多数面试考官会要求应聘者作一个自我介绍,一方面以此了解应聘者的大概情况,另一方面考察应聘者的口才、应变能力、心理承受能力、逻辑思维能力等。千万不要小视这个自我介绍,它既是打动面试考官的敲门砖,也是推销自己的极好机会,因此一定要好好把握。

2. 面试的应对方法

随着社会的发展,人类文明程度越来越高,许多企业都越来越重视企业文化和企业形象,所以企业在招聘人才时都比较重视应聘者的礼仪和风度,并且一个人的礼仪和风度也可反映出一个人的素质高低。

(1)准时赴约。守时是职业道德的一个基本要求,从中还可以看出你的信用程度。面试者最好在通知面试时间之前10分钟到达面试会场,过早到达或迟到都不好,因为从求职者到达面试会场的时间可看出其对时间的管理观念。如果临时发生不可抗拒的意外情况不能按时赴约,应及时通知用人单位,并表示歉意。

(2)礼貌通报。

(3)正确招呼。

(4)谈吐文明。

(5)适时告辞。

(6)学会倾听。

(7)注意语言表达。

(三)考察考核的应对策略

招聘中的考察考核,是指招聘单位依据相关条件、标准和程序,对拟聘用人员进行的专门性的考察和评价。考察考核有利于招聘单位全面客观地了解应聘者,为录用后的依特长定岗提供依据。

1. 考察考核的方式

招聘单位对应聘者的考察考核方式一般有两种:定向考察考核和情境考察考核。

(1)定向考察考核,即招聘单位到应聘者所在部门细致地了解应聘者的情况,包括核实应聘者的学习成绩、各种奖项和证书、证明材料等,并通过和任课教师、辅导员及同学交谈,了解应聘者的品行、人际关系、组织协调能力、应变能力、身心健康状况等。

(2)情境考察考核,即招聘单位把应聘者分成若干个小组,通过小组讨论或完成某一特定任务对应聘者进行考察考核。

2. 考察考核的应对策略

考察考核有两种方式,应聘者参与的主要是情境考察考核。这里着重介绍情境考察考核的一般流程。在情境考察考核中,招聘单位将应聘者分成若干个小组,通过小组讨论或者完成某一特定任务对应聘者进行考察考核。地点一般为能够容纳多人的会议室。在考察考核开始前,主持人会向应聘者宣读将要讨论的题目,并说明发言规则,同时回答应聘者的提问。所有事项交代清楚之后,应聘者开始自由讨论。讨论结束之后,按照预定的发言规则进行发言。考官在全过程中既可以旁观应聘者的表现,也可以直接切入应聘者的发言,与其互动沟通。在情境考察考核中,招聘单位通过自由讨论环节考察应聘者的团队合作能力、领导协调能力及语言表达能力等。

第三节 中职生就业能力的提升路径

一、优化中职院校中职学生就业服务体系

（一）健全"以人为本"的就业服务管理机制

中职院校应该把"学生满意"作为衡量中职院校就业服务管理是否有效的标准。在基础标准建立以后，围绕这一理解，在学生工作上，中职院校应引导各层级学工力量构建起精细化服务促进就业的新格局。尤其可以敦促各二级学院建立起毕业生毕业去向台账，以及就业困难毕业生群体帮扶工作台账，按照"一人一档一策一导师"的原则开展一对一的重点帮扶。同时，学校就业微信服务后台和微信服务号平台也为学生提供"一对一"的个性化的就业指导服务，提升指导和服务的实效，学生个体的问题也在"以人为本"意识主导下解决管理难点。

（二）创新就业服务管理平台

就业服务平台的搭建，其目的唯一指向中职学生就业服务全流程的贯通，迎合中职学生求职"软件"上的需求，使中职学生体验充分的就业服务内容；因而，平台的创新发展将意味着中职学生就业服务的高质量发展。以很多中职院校着力开展的微信、微博等创新就业服务管理平台的完善与建设为例，改版后的就业服务平台优化规范用人单位注册、招聘信息发布以及校园宣讲会、招聘会申请等校招活动流程，用人单位一步注册，学校两步审核即可完成校招线上办理流程。用人单位在服务平台发布的招聘信息、申请宣讲会、招聘会汇集的企业岗位需求信息，通过就业服务系统人岗匹配、专业特长匹配，同步到学生微信端，实现毕业生精准获取实时推送的就业岗位信息。

就业微信服务号平台的建立，加强和拓宽了毕业生就业政策和就业

信息宣传渠道,毕业生在微信端可自行搜索意向岗位或一键投递简历,报名参加校园宣讲会、招聘会,实现指尖上的求职,求职流程更加人性化、便利化。在此基础上,中职院校还应继续完善并构建起"就业信息网""就业学习平台""就业微信平台"等一体化智慧化就业平台,同时加强就业服务平台的视频见面功能;学生能够实现在学校提供的最优质的就业信息中物色岗位,在学校提供的最便捷的就业平台上完成从简历到面试的求职全程。依托中职院校流程优化后的就业服务平台,中职学生、用人单位均可获得规范和高效的信息化流程服务,让求职应聘更便利、更精准。

(三)创新就业信息宣传方式

信息宣传是中职院校就业服务管理的重要方面,是建立精准就业服务与管理机制的有效途径。为做好新发展方向的就业服务,中职院校在宣传上的功夫必须在原有基础上对方式方法有所创新,除每年编印《应届毕业生资源信息》《应届毕业生就业指引》等常规宣传材料外,还应加强就业信息网、微信公众号的建设,充分利用毕业生线上社交群组,加强与各二级学院就业工作人员、毕业生之间的互动,利用信息化平台进行就业政策及招聘信息的宣传。

此外,中职院校应密切关注少数就业群体的特殊需求,有针对性地发布毕业生就业意向调研,及时了解这一部分毕业生的就业状况和思想动态,尤其了解他们在就业上的困境和难点,重点指导和推荐工作。中职院校可以建立起特殊就业群体帮扶机制,联合各二级学院摸底了解困难毕业生的情况,帮助毕业生解决求职过程中的实际问题和毕业季的心理上的困扰问题。也可将特殊就业群体再进一步细分,如"就业困难毕业生""有就业意愿但尚未就业毕业生""暂不就业毕业生""无就业意愿毕业生"等类别,做好分类指导、专门咨询,组织开展针对性的求职指导、心理辅导、就业推荐等服务,帮助特殊就业群体毕业生尽快找到方向,从而回归到促进适龄毕业生求职就业的正轨。

二、新媒体环境下需要对中职生进行就业心理指导

新媒体是借助数字技术,通过互联网、电脑等向用户提供信息服务

第三章　三全育人背景下的中职生就业指导教育

的形态。新媒体具有较强的开放性和交互性,对中职生有很大的吸引力。在中职学校发展过程中,新媒体已经融入中职生学习和生活的各个方面,对中职学生产生了很大影响。近几年市场竞争越来越激烈,中职生的择业就业心理问题逐渐凸显出来。因此,在新媒体环境下加强中职就业心理指导对于增强中职生的心理素质、提高他们职业选择的科学性、促使他们尽快适应职业等都有重要意义。

（一）新媒体环境对中职生的影响

新媒体的受众面较广,因其具有开放性、交互性等特征受到中职生的广泛关注。但是新媒体信息同时具有一定的隐蔽性和分散性,中职生的价值观念尚未成熟,极易受到不良风气的影响,从而影响他们的认知品质与心理品质等[1]。因此,中职教育人员应当结合实际情况,充分把握新媒体环境对中职生的影响,从而为中职生就业心理指导提供有益参考。

1. 对中职生认知习惯的影响

新媒体环境下,中职生的认知习惯发生了很大改变。知识经济时代下,新媒体飞速发展,中职生对新媒体的关注度相对较高。在日常学习和生活中,越来越多的中职生利用移动智能终端开展学习活动和社交活动,并通过这些智能终端接收信息。现阶段中职生已经习惯了移动阅读,并使用智能化媒体进行互动交流。从某种程度上说,新媒体扩大了中职生的认知范围,促使他们形成个性化的见解。但是需要注意的是,新媒体是双刃剑,新媒体信息传播较为直观与快捷,不利于学生认知敏感度的提升,还有可能导致中职生认知肤浅,弱化他们的理性认知,将更多的时间和精力用于网络交流,却忽视了社会环境,给中职生以后择业就业都会产生不同程度的影响。

2. 对中职生适应品质的影响

新媒体环境具有较强的开放性,能够为中职生提供自主开放的环境

---

[1] 沈秀芳.有效应对优化中职毕业生就业心理指导[J].中外企业家,2019(36):143-144.

氛围,有助于提高他们的独立学习能力和人际交往能力,将自己的观点及时表达出来,并根据实际情况不断改善和调整,从而更快更好地适应社会环境。但是新媒体具有虚拟性特征,如果长时间处于网络环境下,会使中职生产生逃避心理,逐渐脱离现实生活,久而久之,中职生就会出现自我否定等状况,不利于社会性品质的形成,对他们未来择业就业都会产生不良影响。

(二)中职生就业心理指导的功能和作用

1. 促使中职生不断完善自我

结合中职生学习现状,多数中职生的学习成绩较差和学习能力有限,加上新媒体环境的影响,在学习中容易产生负面情绪,心理认知差异。在新媒体环境下进行就业心理指导,可以让学生清楚地认识到社会对技能型人才的需求,在择业中会有很多选择方式,升学并不是唯一出路。在中职学校学习,学生可以掌握专业知识和技能,形成良好的学习习惯,并且将所学知识运用到生活实际中,同样也可以实现个人价值。另外,通过开展中职生就业心理指导,可以让更多的学生认识到在知识经济时代,面对严峻的就业形势,就业竞争实际上是知识竞争,只有夯实专业知识,才能增强社会竞争力,从而在就业群体中脱颖而出,获得更好的发展。因此,在中职教育中,教师应当充分发挥就业心理指导的作用,使学生深刻感悟到学习的重要性,调动他们的学习主动性,从而养成主动学习的良好习惯,促使他们不断完善自我,更好地适应就业形势。

2. 促使中职生择业更具科学性

新媒体环境下,中职生正确选择职业,对于个人发展和社会进步都有积极作用。众所周知,学校与社会是截然不同的两种环境,中职学生完成学业后,面临着升学和就业,这时很多学生可能出现紧张、焦虑等心理。新媒体环境较为开放,多数学生不知如何选择。中职就业心理指导能够引导学生对自身有客观的认知,促使他们对自身职业能力、职业兴趣展开全方位的分析,从而对自我和职业有正确的了解,让他们在择业过程中可以保持乐观积极的态度,提高择业与就业的理性化程度,从而做出更加科学的选择。

3.促使中职生形成正确的价值观

中职生正处于价值观、职业观形成的关键时期,受到年龄、阅历、环境等方面的制约,中职生极易受到不良思想的影响。虽然他们已经拥有了职业理想,但是职业目标还不够清晰。在新媒体环境下,部分中职生沉迷于网络环境中,很少在现实中与他人交流,对社会就业形势认识不甚清晰。通过就业心理指导,可以帮助中职生正确认识到社会对不同职业的标准要求,增强他们的职业意识,从而明确自身的职业理想,形成正确的价值观和职业观,在未来工作岗位中勇于承担社会责任与义务,进一步提高适应社会的能力。

4.促使中职生身心健康发展

新媒体环境下,职业活动是人们身心健康发展的重要基础。对于中职生来说,就业心理指导能够帮助他们克服心理障碍,根据社会实际需要和个人发展情况选择职业,不断提升中职生适应能力,并且在这一过程中收获更多的幸福。另外,新媒体环境下,中职生就业心理指导还能够帮助中职生树立正确的人生目标,并保持积极乐观的心态从容面对职业生涯中的问题和困境,促使中职生的身心健康发展。

(三)新媒体环境下中职生就业心理指导措施

1.重视就业指导,做好心理疏导

就业心理指导可以为中职生的就业心理、就业技巧和就业前景提供科学指导。新媒体环境下,中职生对就业形势了解得不够清晰,在就业选择中容易产生盲从心理。目前很多中职学校尚未将理论教学与技能训练充分结合,对就业心理指导不够重视,在实际教育中仍旧以理论知识为主,导致学生对专业发展和就业前景了解得不够透彻,对于未来职业选择很迷茫,从而引发一些心理问题。为了解决这些问题,中职学校应当加大对就业心理指导的重视,加强就业心理指导,在指导过程中向学生渗透先就业后择业的观念,促使中职生对社会发展和自身能力有客观的认知。具体来说,中职教师可以借助信息化手段制作就业心理指导视频,让学生直观地认识到当前择业就业中的注意事项,并且对就业问题有一定的认识,有效纾解学生的就业压力。此外,教师还要及时与学生沟通交流,了解他们在就业方面所担心的事情和问题,并结合实际提供正确的指导,不断提高心理疏导效果,帮助他们解决心理问题。

2. 引导学生客观认识自己,提高择业的科学性

新媒体环境下,很多中职学生对自己的了解程度不够,对自己将要从事的职业缺乏清晰的认知。在就业心理指导中,教师应当引导学生对自己的专业、兴趣和特长进行全方位的分析,在对自我形成客观认识的基础上制定合理的职业目标,从而有效避免择业就业中的盲从、焦躁等心理障碍。

首先,教师应当善于运用多种方式进行特性评价,比如观察法、访谈法等,在充分了解学生实际的基础上,促使学生将自身发展与社会需求相结合,明确未来的职业发展方向,为尽快适应职业奠定良好的基础。

其次,教师应加强新媒体技术的应用,帮助学生搜集职业信息,引导学生将自己的优势和职业信息相结合,根据自己的气质和性格找到适合的职业,并对未来职业形成正确的认知,从而确立科学的职业取向。

3. 灵活运用就业指导方式,增强中职生的社会意识

新媒体环境下,中职学校教师应当紧跟时代发展潮流,充分利用新媒体技术,将其引入中职生就业心理指导过程中,促使线上指导与线下教学相结合,根据学生兴趣组织开展丰富多彩的就业心理指导活动,不断拓宽就业心理指导渠道,提高学生在就业心理指导活动中的参与度。为了提高就业心理指导的直观性和生动性,教师应当将图片、视频等引入指导课程中,借助新媒体技术进行指导方式的创新,促使就业心理指导更具针对性和有效性,得到更多中职生的认可和接受,从而帮助他们形成正确的职业价值观,进一步提高他们的就业能力。

第三章 三全育人背景下的中职生就业指导教育

首先,利用职业测评系统,对中职学生进行科学客观的评价。中职学校的教师应当综合运用心理学、行为科学等知识,借助职业测评系统对中职生进行心理测验,对他们的心理素质、职业取向等进行客观的测验,并根据测评结果给予科学评价,强化中职生的自我认知。

其次,运用综合性辅导手段,为中职生提供职业发展辅导。不同阶段的中职生就业心理不同,教师应当根据可能出现的就业心理问题,通过个别辅导、网络辅导等手段对中职生进行就业心理指导,帮助他们及时解决与就业有关的问题,进一步提高学生的心理素质。

最后,组织就业场景模拟活动,增强中职生的社会意识。中职教师可以通过情景模拟形式,模拟人才招聘时的面试情景,组织学生开展就业面试的演练。不仅能够吸引中职生的参与兴趣,而且还能为中职生提供更多就业面试机会,面试情景模拟结束后,教师应对学生的面试表现进行客观点评,让学生深入了解用人单位对人才的需求,增强学生的社会意识和心理素质。

(四)解决中职生就业心理问题,坚定他们的信心

一些中职生找工作存在自卑心理,在经历几次失败后,自信心受到较大打击,对自己的能力产生了怀疑。这是新媒体环境下中职生面对社会压力下的心理表现。新媒体环境下,中职学校的就业心理指导要积极利用新媒体技术,建设就业心理指导网络平台,确保人力、资金、设备等资源供应充足,为就业心理指导提供强有力的保障。借助就业心理指导平台,不仅可以在课堂上为学生传授相关理论知识,加强学生思维能力的培育,而且还能通过线上学习补充相关内容,促进就业心理指导内容的拓展和延伸,为学生提供科学的就业心理指导,进而不断提升就业心理指导的有效性。另外,教师可以利用微博、微信等建立校园就业心理指导平台,专门为学生提供就业心理咨询与辅导服务。通过该平台设置就业心理专栏,教师可以及时与中职学生沟通交流,了解他们的思想动态,详细分析他们现存的心理问题,并耐心为他们答疑解惑,促使他们更快更好地排解心理压力,不断提高学生的就业心理健康水平。在实际指导工作中,教师可以引导学生互相帮助,分享彼此的就业方向,听取更多学生的意见和建议,从而营造出积极的氛围,不断激发中职学生提升自我的欲望,坚定就业信心,为中职生顺利就业提供助力。

（五）以就业为导向，引导中职生设计职业生涯规划

开展新媒体环境下的中职就业心理指导，教师应坚持以就业为导向，密切关注中职生的心理动态，运用有效方法促使他们设计科学的职业生涯规划。

首先，职业发展式指导。中职就业心理指导教师可以将职业发展视为系统化、连续化的过程，通过开展就业心理指导选修课、职业能力测试等，对中职生的职业兴趣、职能性格等进行全面的分析和评价，让学生准确判断出自己的职业定位，并且结合新媒体时代发展需求，将自身职业选择与时代发展要求有机结合。

其次，自我发展式指导。中职教师在进行就业心理指导时，应当将关注点放在学生内在品质的发展方面，帮助学生提高个性与职业的契合度，并充分尊重中职生的个体差异性，实现学生的自主发展目标。具体来说，教师应当针对学生实际展开个性化辅导，对中职生进行合理定位，引导他们以自主发展目标为导向制定出科学的职业生涯规划，并明确短期目标与长期目标。

综上所述，在新媒体环境下，开展就业心理指导是中职学校职业指导工作的重点工作。在实践过程中，中职教师应当认识到就业心理指导的功能和作用，通过有效指导方法将其功能最大化地发挥出来，为中职生提供更为优质的指导服务。任何事物都有两面性，新媒体也是如此。中职学校应当正视这一点，在就业心理指导中，发挥新媒体技术优势，通过重视就业指导，做好心理疏导，引导学生客观认识自己，提高择业的科学性，灵活运用就业指导方式，增强中职生的社会意识，解决中职生就业心理问题，坚定他们的信心，以就业为导向，引导中职生设计职业生涯规划等，不断提高中职生就业心理指导的针对性和有效性。

三、中职生就业能力提升的对策分析

（一）培养职业技能，夯实专业基础

优化中职院校的就业指导教育工作，学校首先应当对就业指导专业

理论教育予以完善,不仅要独立设置就业指导课程,更要积极推动系统的就业指导教育渗透每一个专业、学科。学生刚入校时,学校就应当参照学生的兴趣和意愿落实科学指导,帮助学生选择适合自己的专业;并且还要在课程设置上多多开设选修课,使学生能够有机会进行跨专业学习。[①]结合对中职院校毕业生学习特点和发展目标的考虑,学校应当加强对学生的专业技能培养,构建专业知识和实践训练相结合的教育体系,理论知识教学应当服务于学生的实践应用,不断训练和强化学生的岗位技能,提升学生的社会适应能力,锻炼学生的动手实践能力,激发学生的创新创造能力,夯实学生的专业基础,才能够为学生的就业奠定基石。

(二)立足社会实情,明确指导方向

中职院校的教师必须要立足于对当前社会形势的分析,对学生实施更加有效的就业指导教育,使其树立起科学的就业观念。

首先,教师应当帮助学生形成正确的就业思想,实事求是,引导学生结合自己的优势和专业特色制定可行性强的就业目标。

其次,职业院校学生作为社会生产与建设的主力军,本身应当具备较强的服务理念、发展意识以及创新意识,善于抓住一切就业和创业的机会。

最后,职业院校的学生因为自身教育的特殊性,本身就会存在一些自卑心理,在踏足社会、参与就业时,难免会遭遇各种挫折,这会给学生的信心造成极大的打击,甚至让学生留下心理障碍。所以,学校和教师在对学生进行就业指导时,还应当加强对学生的心理健康教育,不断提升学生的心理素质,发挥课堂主阵地的作用,通过开展各种主题讲座、研讨会、交流会来让学生进行广泛的交流,使其能够通过相互帮助来缓解自身的焦虑心理,从而避免就业时的盲目性和随意性,能够对就业时遭遇的各种困难与挫折以正确的态度应对,形成健康的就业心态。

---

① 叶文挺.新时期中职生就业指导教育的着重点及对策探究[J].科技资讯,2021,19(30):171-173.

(三)结合校企合作,提高实践价值

有些学校因为自身缺乏对当前社会就业市场形势的观察与把握,很难掌握到学生所需要的就业信息,也就难以向学生解释社会上关于就业的各种问题。对于这一问题的解决,中职院校可大力推广校企合作模式,加强与当地企业单位之间的合作与交流,充分利用企业资源来优化学校的就业指导教育,共同制定人才培养方案,为学生提供岗位实践活动,使就业指导课程教师可以将理论教学与实践活动相结合,方便学生深刻理解就业指导的重要性,了解岗位工作内容,强化学生的就业意识。另外,校企合作还有助于学校师资队伍力量的强化,中职院校应当充分把握校企合作的契机,邀请一些企业单位中的优秀人才入校演讲,参与就业指导教育。企业优秀人才有着丰富的工作经验,对于行业发展情况和就业形势有更加透彻的理解,让他们对学生进行指导,可以使就业指导教育教学效果事半功倍。

另外,中职院校也应当注意就业指导教育在家庭教育中的进一步延伸,广泛开展与学生家长之间的联系和交流,让家长能够树立正确的就业观和教育观,指导孩子进行正确的就业选择,尊重孩子的就业意愿。

第四章　三全育人背景下的中职生创新创业教育

在三全育人的教育理念下,中职生创新创业教育的建设成为一个必然的选择。中职生创新创业教育改革、建立全新的教育机制是顺应经济和社会发展的新常态,是实现社会价值的结果,并且为中职学生未来的发展提供了更多的选择和方向,帮助学生树立正确的创新创业理念,同时也能够满足学生对创新创业知识的渴望。三全育人的理念与中职生创新创业教育机制有着相同的目的,二者相辅相成,从而成就中职院校高质量的人才培养。

第一节　中职生创新创业的影响因素

一、影响中职生创新创业的主观因素

（一）个人双创意识

意识是人的一种主观性思维,是一个人开启创新创业实践的基础行为,是将行为转化为行动的内在驱动力,而这种双创意识的强弱在一定程度上决定着行动的成败。所谓双创意识,就是人们对于创新创业的价值性和重要性的一种认识水平,进而形成自身对于创新创业发展的主观态度。

中职生的主观双创意识是实现中职生创业的根本,就像马克思主义

哲学中所提到的"主观能动性",即人的主观能动性是人活动的起始动力,是人发展进步的缘由。一般成功的创新创业者均具有活跃的思维,面对同一个问题喜欢多方面思考,打破常规思维模式,敢于并主动运用新东西,自主地去培养创新意识。

(二)创新能力

党的二十大报告强调,创新是第一动力,我们要深入实施创新驱动发展战略,不断开辟新领域和新赛道,充分开发创新能力。创新能力实际上就是中职生综合素质的一种表现形式,是一个人高度知识化、个性化的集中表现,是创新人才的智慧源泉,这种能力是学生获取外界知识信息,转化整合信息的法宝,是一个人生存、竞争和自我完善的利器。创业本身就是一件非常具有挑战性的事情,创业本身是非常艰苦的。

在中职生群体中,并不是每个人都具备创新能力,学生想要进行创新创业活动,培养其创新能力是必不可少的,其中,一些思维较活跃、能吃苦耐劳、敢于直面挑战、征服欲较强的学生更加具有创新精神,进而推动自身创新发展;而其他一些热衷于稳定发展,忽略创新能力重要性的同学,就可能不会主动去开拓培养自己的创新创业能力。在今天这个以创新驱动发展的大环境下,中职生的个人创新能力是影响创业的关键因素,唯有充实自身,加强创新能力培养才能应对社会的挑战。如果只是一味地随波逐流,毫无创新能力,最终只能被社会淘汰,落后于时代发展。所以,中职生应该注重自己创新能力的培养,积极去参加创新创业实践活动,认真学习创新创业知识。

(三)个人性格

生活中经常提到"习惯决定性格,性格决定命运"。中职生创新创业成败的一部分因素与创业者的性格特性有关,实践表明,一位成功的创业者必将具备刚强、果敢、乐观以及抗压等理性色彩情感特性,若创业者没有个性,心理素质弱,那么他的自身行为活动就会受到很大的限制,也就缺少了一些创业者需具备的敢拼敢冲的创业精神,他在面对创业项目时,就会比较懦弱悲观,很难开拓自己的创业道路。[①]

在今天这个复杂的新经济发展社会背景下,社会发展对创新创业带来的压力不容小觑,中职生创新创业定会遇到更多的挫折和失败,而且创业本身就具有风险性和挑战性,因此,冒险精神是创业者必不可少的,但是需要在后天的成长过程中去一步一步地发掘和强化,若一个人缺少这种冒险精神,他就不可能或很少去参与到创新创业活动中,无法成为一名成功的创业者;刚强真诚的品质特性也是非常重要的,这种品质大多数是在后天家庭、社会等因素影响下形成的。

二、影响中职生创新创业的客观因素

(一)社会环境

中职生创新创业并不是独树一帜这么简单,它不仅需要创业者具备较高的综合素质,而且和社会环境有着千丝万缕的联系。中职生可以享受到社会提供的一些帮助,如浓郁的创业大环境、完善的社会服务机构等,在浓郁的创新创业环境下,中职生更能在潜移默化中增强自身创新能力,构建自己的创业知识体系,大胆放手投身于创业浪潮中。完善的社会服务机构为中职生提供一些经验指导以及一些社会企业的投资合作,这些都可能影响他们对创新创业的整体看法,影响中职生创新创业的成败。

(二)家庭环境

家庭环境也是中职生创新创业客观影响因素之一,我们每个人的家庭情况都有它的独特之处,每个家庭成员带给中职生的影响也是不可估量的,学生家长对自主创业的认知程度和对创业行为所持的态度,对中职生创业均会产生一定的影响。例如,家庭成员的价值观,会影响孩子的创业就业选择,一些家庭成员几乎没有创业经验,就可能怕孩子遇到

---

① 侯硕,廖春超,张汶,等.影响大学生创新创业的主观和客观因素分析[J].科技风,2023(15):58-60.

困难,更希望他们找一份安稳的工作,脚踏实地的生活,这些家庭中的中职生在选择是否创业问题上就会更加谨慎;另一些有着创业经验,并且鼓励孩子敢于创新,大胆尝试的家庭,中职生在这种创业氛围中耳濡目染,对创业有着浓烈的兴趣和想法,就会更加积极主动地去加入创新创业队伍。所以说,家庭环境这一因素是影响中职生是否选择创业的重要因素,对创业者的心理特质也产生深远的影响。

(三)政府扶持

政府扶持对中职生选择创新创业有显著影响,在中职生创新创业活动中起着非常重要的作用,政府可通过制定一系列政策制度来推动高校创新创业教育的实施,通过良好的政策去引导和吸引中职生进行创新创业,为中职生创业提供广泛的创业平台和资金支持,通过各种优惠政策来给予一些进行自主创业的学生足够的自信心。所以说,中职生创业最主要的动力源泉是政府扶持,它是中职生选择创业的指南针,优惠的政策和法律使学生更加明确选择就业创业方向,给中职生提供更多的创业机会,降低创业的风险性,进而提高中职生自主创业的成功率。

第二节 中职生创新创业能力的内容

所有企业、社会组织和个人都在创新创业的时代中奋勇前行,积极行动,形成了积极进取的社会经济发展氛围。到今天,创新创业通常指的是所有新的价值创造和实践行为,强调研究和应用,并利用知识和智慧造福社会和服务公众。作为当代中职生,要顺应时代发展潮流,不断激发自己的创新灵感,在创新创业中有所作为。

一、创新意识与创业精神的培养

精神与物质相对应,可以通过对人类行为进行调节和控制,进而改变和影响外部世界。意识、思维、情感、意志和个性是创新活动中必不可

第四章　三全育人背景下的中职生创新创业教育

少的精神品质。其中,创新是创业过程中最为核心的。研究当下大量企业家发现,中国最缺乏的不是创业能力,而是创新精神。缺乏创新精神会阻碍创业能力的提高。

（一）创新意识的培养

创新意识是一种能够引导人们从事创造性活动的心理动机。要想完成创造,创新意识是必不可少的。创新意识是当代创业人才必须具备的首要条件,创新意识就是用创新的思维方式处理问题,运用新的思维模式创造出前所未有的新事物或新概念,并在创造性活动中表达想法。这是人类意识活动的表现,也是人类创新能力的前提。基于社会和个人发展的需要,以及积极探索的心理取向,表现出创造性的意图、欲望和动机,是人们创造性活动的起点和内在动力。创新意识是对创新价值和重要性的理解水平和程度,以及由此产生的对创新的态度,是人们以这种态度调节自我活动的精神状态。基于不同个体之间存在的差异,人们的创新也会受到他所拥有的社会地位、文化素质、情绪和兴趣的影响,这反过来又对促进创新起着重要作用。

创新需求、创新动机和创新兴趣是创新意识的三个重要组成部分。其中,创新需求作为创新的动力,能够激发起人们的创新追求;创新动机则是鼓励人们继续进行创造性活动的驱动因素,主要用于触发人们创造性活动,促进人们创造性活动的发展;创新兴趣是一种鼓励人们积极探索新奇事物的心理倾向。只有当中职生被强烈的创新意识所激励时,他们的创新动力才能够产生,进而建立创新目标,点燃创新激情。可以说,培养创新意识对中职生的好奇心和求知欲的激发具有重要意义。中职生好奇心的培养,也预示着其创新意识的萌芽,这是进一步培养创新能力的基础环节。发现问题的开始可以激励中职生在有问题时进行思考、探索和创新;培养中职生的兴趣是必要的,强烈的学习兴趣、质疑精神和求知欲是基础,对培养中职生的创造性思维能力和可持续发展能力十分有利。情感培养是素质教育的一个重要方面,实施情感教育对中职生创新素质的培养有着十分重要的影响。创新意识可以促进人才素质结构的变化,增强人的内在力量,激发人的主体性、主动性和创造性的进一步发展,从而极大地丰富和拓展人的内涵。

一个良好的教育环境是支撑创新的必要环境,除此之外,要想让中职生的创新能力得到提高,还可以从以下两个方面入手。

1. 培养创造性人格

在人的后天活动中,人格逐渐形成,习惯和行为展现出来,如常见的处事原则、态度和活动方式。一般来说,具有创造性特点的人格主要表现为:高度的自主性和独立性,不守旧;思维灵活、敏捷;充满幻想,敢于大胆假设,敢于冒险,善于抓住机遇;具有坚韧不拔的毅力和科学的探索精神;强烈的渴望和好奇心,兴趣广泛。

2. 培养探索问题的敏感性

在新鲜事物面前,许多学生往往表现出强烈的好奇心和敏锐的观察力,他们勤于动脑,善于思考,能够及时发现新事物的发展方向,抓住创新机会。一般来说,探索问题敏感性的培养方式包括:保持良好的竞争心态,在日常的学习和生活中积极参与竞争,在竞争中发现自己的不足,找到差距,不断提升自我。

独立思考能力是创新意识和创新能力的前提,缺乏独立思考能力很难在竞争中取得优势,因此养成独立思考问题、解决问题的习惯是十分必要的。同时,通过努力学习,加深对基础理论知识的掌握程度,并在融会贯通中化知为创、知为创用。

（二）创业精神的培养

企业家精神是指企业家在主观世界中的创造性想法、创意、素质。激情、动力、适应性、领导力和雄心是创业的五个关键要素。作为创业的动力和支柱,创业精神是非常重要的一个影响因素,失去了创业精神,就不可能有创业行动,也不可能在创业中取得成功。因此,创业精神对创业至关重要。创业具有综合性强、立体性强、超越历史的先进性和鲜明的时代特征等基本特征。

中职生创业精神的培养,可以重点从以下几个方面入手。

（1）将思维能力培养放在关键位置。教师在实施教学活动的过程中,应尽量跳出书本的限制,将中职生思维培养放在关键位置,带领他

第四章 三全育人背景下的中职生创新创业教育

们跳出思维定式。此外,教师还应重点关注中职生的创新思维能力,如逆向思维、换位思维等,尽力激发这些能力,争取培养更多的拥有创新能力和独立思考能力,能够用独特视角观察世界的年轻人。长远来看,创新精神和创新能力的增强是中职生未来独立面对世界的重要支柱。

（2）充分尊重中职生的人格。中职院校不仅在于传授知识,其更重要的一项任务是培养中职生的创新精神。在完成任务的过程中,教师要把尊重中职生的个性放在首位。人格发展是中职生培养的基础,也是创新人才的必要条件,还是获得新知识和新能力的开端和前提。创新思想是中职生创新活动的重要来源,充分尊重中职生人格是培养中职生的创新精神的基础,将充分尊重中职生的个性放在首位,才能让他们产生与众不同的创新思想。

（3）不断增强教师的创新精神。中职院校教师在中职生创新精神培养中具有重要作用,这些教师是否具有创新精神与此密切相关。因此,作为中职院校应将培养创新型教师队伍放在核心位置,要求教师具有创新精神,注重自我提升,不断加强学习,不断研究业务,不断提高专业水平,丰富和提高自己,向学生传授最先进的思想和知识。

（4）引导中职生自我培养创新精神。创新源于思想火花,人类思想火花的产生是随机的、突然的。随时记录下来,将极大地促进创新思维能力的提高。如果你坚持很长时间,你会形成一套独特的见解。中职生应该树立一种无所畏惧、敢想敢做的精神。只有在这种精神的激励下,中职生才能勇于探索,坚持不懈地开展创新活动。一是坚信自己能够获得成功。人们相信有什么样的结果,就会有什么样的成就,如果一个人不相信他可以做一件事情,那么他就不会去奋斗,也不会去追求。二是要有创业的责任感。创业者要肩负起创业的责任,既要为国家作贡献,又要为自己谋出路。三是创业者在逆境中要有一种不屈不挠的精神,即使处于困境,也要奋起反抗,才有可能获得成功。在日常生活和学习中,中职生应积极培养怀疑主义和现实主义精神,不断增强自信心和好奇心。这对于培养中职生的创新精神也非常重要。

（5）培养积极的创业心态。拥有一种积极的创业心态,有助于创业者潜能的发现、激发、拓展和实现,从而使创业者在事业上取得成功,积累起巨额财富。积极的创业心态应该包含以下几个方面:一是创业激情高涨;二是清除所有潜意识障碍;三是克服艰难险阻,迎难而上,将一切不可能化为可能。

（6）培养顽强的创业意志。创业意志是指创业者为实现目标而不屈不挠、坚持不懈的精神品质。创业意志主要表现为三个方面。一是要有明确的创业目的：如果目标都不明确，那么创业取得成功的可能性很小；二是决断果敢：不能优柔寡断，否则可能会错失很多机遇；三是具有恒心和毅力：创业是一项艰辛的活动，如果创业者内心不够强大，遇到困难就退缩，那创业注定会失败。

（7）培养鲜明的创业个性。成功的创业者，大都具有鲜明而又独特的性格特征：一是具有冒险精神。创业的价值就是要创造出属于自己的独一无二的东西，创业者要敢于冒险，敢于走前人和其他人都没有走过的路。"敢于冒险"指的是创业者基于理性而做出的果敢决策，指的是在有信心的前提下敢于超越，在面对新的事物时对新事物的不懈追求。二是专注。创业者坚持不懈地追求自己的目标，将自己的全部精力投入创业的活动中。三是独立自主。创作者在面对困难、遇到问题时，必须要积极寻找解决的方法，不能被外界的一切因素所影响。

二、创业团队的打造与管理

（一）什么是创业团队

1. 对创业团队的理解

创业团队的内涵可以包含以下几方面：

（1）创业团队是一个特殊的群体。团队是一个有凝聚力的社会群体，由技能互补、愿意相互信任、有意识地合作、积极工作以实现共同目标的人组成。创业团队主要是由两人或两人以上组成的团队，但它与普通团队有很大不同。

（2）建立创业团队的目的是实现共同的创业目标和价值追求。目标以公司愿景和战略的形式体现，为团队指明方向。团队成员协作，为共同的目标和价值观而奋斗，形成强大的凝聚力，进而形成精神。

（3）创业团队分享利润和风险。共同的利益和风险不仅使创业团队成员能够互补，提高控制企业的创业能力，而且有助于形成强大的资源整合能力和获得多种融资渠道,降低新企业的失败风险,以及提高企业抵御风险的能力。

(4)创业团队的绩效大于所有成员独立工作绩效的总和。企业家之所以寻求团队合作,是因为团队成员在知识、技能、经验和人脉方面相互补充,通过协作创造"1+1>2"的协同效应。

(5)企业的高层管理团队在创业之初是整个创业团队的基础和初始组织形式。在企业成长的早期阶段,创业团队发挥了重要的作用,高级管理团队作为创业团队的延续,在整个企业发展中具有不可估量的作用。

2. 创业团队的作用

相较于个人创业,团队创业具有更多优势,对创业的成功起着举足轻重的作用,主要表现在以下几个方面。

(1)知己知彼,利于合作

对于优秀的创业团队而言,所有成员之间都应该是彼此非常熟悉的,并对自己的根源有透彻的了解。一般来说,团队成员都是志同道合的人,他们相互信任和认可。团队成员在知识结构上存在概念一致性和相似性。领导者作为创业团队中的核心人物,在合作过程中,其远见、声望、勇气和果断等特质是被团队成员所认可的。这样,团队管理会自发地形成凝聚力,使团队合作更加高效和愉快。

(2)取长补短,各显灵通

一个优秀的创业团队应该各有所长,相得益彰。创业团队成员的互补性不仅体现在知识、技能、性格和经验上,还体现在资源、人脉、信息等方面。正如新东方集团创始人俞敏洪所说,"一个人可以走得快,但一群人可以走得更远!"创业团队可以让企业获得更多的资金、技术、经验和信息,丰富创业资源。团队成员之间的互补性可以使企业更具创新性和竞争力。团队的作用将在很大程度上影响创业绩效。

(3)群体决策,避免冲动

群体决策比个体决策具有更丰富的决策信息、更广泛的决策维度和更高的相对决策质量。此外,团队成员参与并尊重他们的意见,从而提高决策的认可度,避免个人冲动,降低决策风险。

（二）创业团队的组建

1. 创业团队的组建原则

在创业的最初阶段，如何组建和管理团队是创业者面临的最大挑战，也是决定企业能否成功的关键因素。组建和管理团队是一个企业人力资源管理的核心，当一个企业拥有具有优势的核心人力资源时，它才更有可能取得成功。建立创新创业团队的原则包括明确的目标、明确的权力、互补的能力、责任承诺、宽容和平衡，以及分享共同利益和风险的意愿和使命。在组建创业团队时，需要遵守以下原则。

（1）目标一致原则

企业上下拥有一致的目标，才可以为团队成员提供方向和动力，使他们能够紧密团结，努力形成协同效应。创业公司能够成功，最终是由整个团队决定的，而不是某一个人。企业凝聚力是以团队为基础的，一个好的创业团队中没有个人主义，团队中的每个成员的价值都反映在团队整体价值的贡献中。作为团队中的成员应该以团队利益为基础，休戚与共，积极分享，牺牲个人短期利益，以换取团队整体的强大凝聚力和长期成功。只有这样，团队才能取得最终的成功。

（2）精简高效原则

为了降低初创期的运营成本，最大限度地分享成果，在确保企业高效运营的同时，应尽可能简化创业团队的组成。一般来说，一个创业团队有3—5人是合适的。

（3）人员互补原则

理想的合作者要求双方在能力、个性和资本方面具有良好的互补性。每个人都有自己的优势和劣势，这是企业家选择创业伙伴的重要原因。

在一个创业团队中，具备各种才能的人员是非常重要的前提，例如拥有战略眼光的领导者、耐心细致的管理者、内部协调和外部沟通的人才，具备技术和市场方面的专业人士。任何一种才能缺乏的团队都是不健全的。因此在创业之初挑选团队成员的时候，应该尽量本着弥补目前资源短缺情况，并根据目标和当前情况之间的差距找到匹配的成员。这是组建创业团队过程中应该遵守的重要原则，也是一个健全的、能够互补的团队保持稳定的关键。此外,在创建团队时,不仅要考虑成员之间的人际关系,还要考虑他们能力和技能的互补性。

(4)分工明确原则

创业团队中的队员是性格完全不同的,这种最完美的组合就是内外分明。例如,负责设计和生产的人员(内部)与负责销售的人员(外部)合作。企业家通常更倾向于局外人,而创业的理想人选是聪明且没有野心的人。如果一个外部企业家选择了一个聪明而有活力的合作伙伴,这两个咄咄逼人的企业家肯定会争取控制权,但控制权只能落在一方身上,从而导致冲突和纠纷。就控制权的归属而言,最适合主体以外的人拥有控制权。

明确分工的最佳状态是,所有工作都对个人负责,没有重叠和重复。每个成员的权利和责任都应该公开透明,有利于降低交易成本,提高组织效率。需要特别注意的是,在一个团队中,两个核心成员之间不应存在优势和地位的重复,这不可避免地会导致各种冲突,并最终导致整个团队的分散。

(5)动态开放原则

稳定的团队结构有利于企业的运营,但没有一个企业的团队在创建后保持不变。创业过程的不确定性、团队概念和成员能力等因素可能导致团队内部结构的调整,以及成员退出或加入的可能性。因此,在创建团队时,保持团队的活力和开放性是很重要的。

(6)激情原则

创业初期工作量巨大,需要各个成员投入足够的精力。要时刻保持这种状态,就必须保证团队成员充满激情,这是创业团队成功的关键指标。在经历大量的工作,长时间的运行后,无论他们的水平如何,一旦此时对创业生涯缺乏信心,就会陷入一种负面状态,这种状态会像传染病一样传播给所有团队成员。负面影响将是致命的,需要成员之间时刻保持创业热情,这对团队工作的有效性有显著影响。

(7)权责明晰

应以法律文本的形式明确划分创业团队的成员之间的利润分配,明确基本的责任、权力和利益,特别是股权、期权和股息权。此外,还需要明确增资、扩股、融资、资本分散、人事安排、解散等与团队成员利益密切相关的事项。股权分配或投资比例问题是其中最为核心的条款,不仅关系到每个创业伙伴在企业中的未来地位和角色,而且还涉及实质性问题,如创业伙伴之间的利益分配。因此,合作创业需要有明确的账目、完整的程序、签署合作协议,并仔细约定各方的责任和权利。

2. 创业团队的人员选择

团队的力量是创业的基础,怎样才能选择合适的人才?什么样的人才才能组建一个优秀的团队呢?主要从以下几方面进行选择。

(1)加入目的

创业合作必须有三个前提:第一,双方必须有合作利益;第二,必须有合作的意愿;第三,双方都必须有共享和共同富裕的意图。创业团队想要共享和实现共同富裕,就不能以财富为最终目标,而必须有一定的理想主义,比如追求产品的极致,追求改变世界等等。对于创业团队来说,如果每个成员都只把他们所做的作为养家糊口和解决经济问题的工具,那么如果出现轻微的干扰,团队就会崩溃。创业本身就是一种艰辛付出、耗费精力的事情,理应对大家有所回报。团队成员要有除了金钱之外共同的价值追求,要有一荣共荣、一损俱损的决心,要有对工作长期保持满腔热血的激情。

(2)彼此了解

来自熟人圈子的创业团队成员,如同学、朋友、亲戚和同事,能够清楚地认识到自己的长处和短处,同时也能清楚地了解其他成员的长处和弱点。这样可以避免不熟悉的团队成员引起的此类冲突和纠纷,从而增强团队的向心力和凝聚力。当然,当在熟人圈子里很难找到合适的合作伙伴时,你也可以通过媒体广告、亲友介绍、投资谈判、互联网等多种形式找到最合适的人选。在这个过程中相互理解也是至关重要的。无论是熟悉的候选人还是新发现的成员,在创业之初,都有必要透彻地解释团队成员最基本的职责、权力和利益,尤其是股权和利益的分配,包括增资、扩股、融资、撤资、人事安排和解散。这样到企业发展壮大后,就不会因利益分配、股权等方面的差异而产生冲突,导致创业集团解散。

(3)角色安排

英国剑桥大学的贝尔宾博士提出的贝尔宾角色模型认为,一个结构合理的团队应该由九个角色组成:创新者、实干家、聚合者、信息者、协调员、推动者、监督者、完善者和技术专家。在寻找合作伙伴之前,首先需要确定合作的目标和目的;其次,有必要根据目标规划合作伙伴的责任,并有目的地寻找团队成员来承担不同的角色。团队成员的组成应遵循人员互补、分工明确、定位合理的原则。只有团队成员弥补彼此的不足,拥有明确的权利和责任,才能提高生产力,鼓舞士气,激发创新。

（4）人生价值观念

其他个人素质,如价值观和道德观,也是选择团队成员的重要标准。那些在性格、习惯、行为和个人能力方面有缺点的人应该是好的选择,那些有坏习惯的人应该坚决消除,那些个人道德素质低的人不应该与之合作。

（三）创业团队的管理

团队管理是一门艺术,它注重发挥团队的多样性优势,同时保持团队的稳定性,灵活实施具体情况,并充分利用一些通用原则。

1. 创业团队生命周期管理

随着企业家的成长和创业项目的推进,创业团队逐渐强大并得到完善。创业团队的生命周期可以划分为成立期、动荡期、稳定期、高效期和过渡期五个阶段,每个阶段的管理技能和策略如下：

（1）成立期管理

这个阶段的重要标志是团队刚刚组建,士气高昂,对未来有着高回报的愿景。团队成员热情、友好,彼此彬彬有礼。然而,团队缺乏共同创业的经验,并且在工作中表现出对经理的依赖。在这一点上,团队面临的主要工作是减少不确定性,在团队内部相互测试和评估,培养合作经验,并开发可以帮助他们开展创业活动的外部社交网络。

（2）动荡期管理

处于这一时期的团队成员很明显感觉到理想与现实的差距,可能会对现实产生不满情绪,使创业热情受到打击,士气低落；团队成员彼此熟悉。受到利益冲突的影响,团队成员之间开始职位和权力的争夺,团队中出现了"小团体"。领导的声望开始下降,新员工对领导的依赖度逐渐降低。在这一点上,一些队员选择离开,而另一些队员则选择继续战斗。

对于团队管理者来说,有必要掌控全局,建立和维护规则,鼓励团成员就有争议的问题发表意见。对于一些积极的现象应该及时识别和表扬,纠正团队中的消极和不利现象,着力营造良好的团队文化氛围。

（3）稳定期管理

稳定期是团队发展的第三个阶段。经过前两个阶段的磨合,团队成员基本稳定,工作能力也有所提高,开始为企业创造价值。管理者树立良好的个人形象是这一阶段应该重点注意的,同时作为管理者,应尽量为整个团队创造良好的沟通氛围,将团队中的不和谐因素扼杀在摇篮里,尽可能地将权力下放给团队成员,并做到时时刻刻激励团队成员。

（4）高效期管理

进入高效期等于进入了团队的黄金时期。这一时期,团队士气空前高涨,每个团队成员能够胜任并顺利完成自己的工作,团队成员对团队的未来充满信心。和谐的团队成员关系逐渐淡化甚至基本消除了派系概念,团队成员高效愉快地合作达到了顶峰。当管理者看到一片欣欣向荣的景象时,他们可能会放松警惕,滋生自满情绪。

生命周期有高潮也有低谷。作为团队管理人员,不能过度沉迷于已经取得的成就,这样会导致灾难性的跌倒。此时,团队管理者需要共同发展,设定更高、更具挑战性的目标,让团队成员看到新的希望和新的动力。同时,作为团队管理者,对于团队成员的工作表现应及时给予认可,对团队成员许下的承诺也应及时履行,及时发现"高产期"表面下的矛盾和问题。

（5）转变期管理

转变期往往会出现业绩下滑、发展空间变小等情况,此时团队成员可能会产生对现状不满意,希望获得更高回报的情绪;团队失去了共同的目标,团队成员之间的利益冲突也逐渐加深;成员的个人发展速度超过了团队的发展速度,他们有建立单独门户的想法;团队需要重新定义或建立新的团队目标,调整团队原有的结构和工作程序,消除累积的弊端。

2. 团队精神的构建

（1）第一个重要的步骤

领导者要提出一个有野心的目标,让大家达成共识。

第四章　三全育人背景下的中职生创新创业教育

（2）第二个重要的步骤

领导者应该大胆跳出悖论。其他领导者通常不太愿意问其他成员所谓的消极性问题："为什么你会认为这个目标无法实现呢？"或者"你认为实现这个目标的障碍在哪里？"

（3）第三个重要的步骤

领导者要继续提问，而非争论克服的可能性，"要克服这个障碍必须要达成什么条件？或者达成什么中程目标？"

（4）第四个重要的步骤

停下来总结，问问大家："实现这个目标的概率有多大？"

（5）第五个重要的步骤

构建中程目标地图。所谓地图，就是一棵因果逻辑树，每个中程目标都对应一个障碍。中程目标之间也有逻辑关系，先完成中程目标 A，才能完成中程目标 B，一定有个障碍来阻止达成这个中程目标，排列中程目标的先后顺序即可。即使有 50 组的障碍和中程目标，完成这个中程目标地图也只要一个小时的时间。

（6）第六个重要的步骤

一旦大家都同意这个中程目标图，就要把地图转化为行动计划。

3. 创业领导者的行为策略

领导者是整个创业团队的灵魂人物，是整个团队力量的协调者和整合者，其所担当的角色和行为策略对于创业团队的高效运作乃至创业项目的实施具有关键的作用。优秀的创业团队领导者总是有一些共同的特点，我们可以从中学习。

（1）个人魅力

一个优秀的创业团队领导者总是有一种别人感知和认可的气质，这种气质可以微妙地影响他人的情绪和活动，从内心深处产生信任感和敬畏感。这种气质通常包括慷慨和善良、勇气和智慧、承担责任的勇气、处理事情时不感到惊讶以及热情和坚韧。

（2）善于决策

成功的商业领袖总是能够从各种复杂的情况中快速准确地找到解决方案和目标，全面、彻底、深刻地识别关键问题，并为团队指明方向。

（3）尊重他人

一个商业领袖越是杰出,他就越懂得尊重下属。他们的尊重体现在愿意听取下属的意见和想法,并提供积极的指导;尽可能满足下属的个人发展需求;以同理心的方式关心下属的工作和生活。

（4）合理授权

有了明确的目标,让你的下属有能力和权威去做事,并对结果负责,但当他们遇到困难时,要站出来帮助他们解决问题。通过授权培养更多的领导者,所有杰出的领导者都有一个典型的特征:他们愿意在任期内明确培养更多的领导者,而不是下属。最成功的领导者是那些将工作委托给他人,将下属培养为领导者,并将领导者转变为变革者的人。

（5）善于激励

动机不仅可以激发潜能,还是诱因和伤害的结合,但最强大的动机是改变心态,以结果为导向,引导下属将思想和注意力集中在光明、美好的前景上。

（6）重视构架关系

一个好的业务领导者应该重视体系结构关系。生活在社会中,人际关系是个人成长和企业成功的重要条件和资源。关系如同一张网,构成了人和人、团体和团体、企业和客户、企业和政府、企业和企业之间的互动。任何领导者都不能缺少"关系管理"。

（7）高瞻远瞩

成功的企业花 20% 的时间处理眼前的各种紧急事务,只是为了谋生;把 80% 的时间留给不那么重要的事情,也就是未来。成功的企业家总是能够透过现象看到本质,有细致的洞察力,能够抢占机会,并始终为未来的机会做好准备。

（8）意志顽强

选择创业意味着选择艰难。创业是一场马拉松,一旦开始就无法停止,而它的终点很可能是创业的失败。在创业的道路上,企业家们奋斗不止,没有必胜的信念和不屈不挠的意志,很难坚持取得成功。毅力是永不放弃、下定决心取得成果的精神。创业领袖需要在每个人都失去信心的情况下保持信念,并有决心和号召力在黎明前冲破黑暗。

（9）终身学习

处于商业竞争日益激烈的环境下,作为商业领袖要面临很多新的挑战,如及时更新观念和提高技能,这就需要他们能时刻保持终身学习的

第四章　三全育人背景下的中职生创新创业教育

态度。当下社会衡量企业成功的标准是创新能力,创新来自不断学习。没有学习,就不会有新的想法、新的策略和正确的选择。

（10）家庭和谐

完美的商业领袖经常把家庭比作登山的后备营地。企业家们明白,后备营地的实力决定了他们"登山"的高度。他们也明白成功的重要性,而家庭的幸福会使他们的事业更加显得成功。

4. 创业团队管理策略

（1）打造团队精神,营造企业文化

①确立团队领袖。企业需要具有权威性的主管,创业团队中也需要有明确的团队负责人。有明确的团队成员一起参与创业,也需要提前确认好谁是领导者,谁是最终做出决定的人,当出现利益冲突或严重分歧时,具体由谁来决定。一个成功的创业团队首先需要指定团队领导者,由他们承担起权威主管的责任。在创业过程中,作为团队领导者要随时沟通、协调和激励团队成员,不断提高团队的整体水平,以满足企业成长的需要。

②打造团队精神。团队精神是大局意识、协作精神和服务精神的集中体现。团队是一种协作精神,它反映了个人利益和整体利益的统一,从而确保了组织的高效运作。团队精神使团队成员能够为实现目标而共同努力。团队精神可以通过团队内部形成的理念、力量和氛围的影响来约束、规范和控制团队中的个人行为。这种控制更持久,更有意义,更容易深入人心。因此,团队精神的建设尤为重要,团队精神建设有必要培养团队成员的专业精神。职业奉献是一种积极向上的生活态度,认真做好本职工作是职业奉献最根本的方面。要想成为专业人士,企业家必须有"三颗心",即耐心、毅力和决心。没有什么事情是一蹴而就的,仅靠一时的热情和三分钟的热度是做不到的。遇到困难不能退缩,情绪低落时也不能随便处理事情。

（2）建立责、权、利统一的团队管理机制

在团队运作过程中,首先要将承担主要任务的人员挑选好。解决这些问题是一个妥善处理创业团队内部权力关系的过程,最终最大限度地减少能力和责任的重复。总体而言,团队管理应在保持团队稳定的同时,充分发挥团队多样性的优势,充分利用团队成员的互补优势,同时坚持控制权和决策权的统一。其次是能够完美地梳理团队内部的利益关系。在确定利益关系时,要重视契约精神,明确团队成员的利益分配机制,反映个人贡献的差异,关注成员的利益。企业薪酬体系除了股票、工资、奖金等经济奖励外,个人成长机会和相关技能升级等因素也是必须要考虑的。每个成员的价值观并不相同,这主要取决于他们的价值观、目标和愿望。有些人看重长期资本收益,而另一些人只看重短期收入和职业稳定。由于新团队的薪酬制度至关重要,而大多数初创公司在创业时的财务资源非常有限,因此有必要仔细研究和规划整个企业运营期的薪酬制度。同时,薪酬水平不受贡献程度和增加人员数量的限制,确保薪酬是根据贡献支付的,而不是因人员增加而减少。

（3）建立有效的激励机制

将人本管理思想运用到企业工作实践中,可以加强激励机制,极大地调动员工的积极性和创造性,使各项任务的顺利完成成为可能。实施激励措施的基本方法和主要内容如下:

①形象激励。一个好的单位形象可以形成强大的向心力和凝聚力。只有拥有良好的企业形象,成员才能在所从事的工作中表达成就感和幸福感,增加向心力的作用,从而推动企业各项任务的进展和有序发展。

②目标激励。人们的热情和创造力往往是由于心中有一定的目标,这就是人们行动的动机。在设定目标时,企业应该让员工参与进来,不仅是为了向他们展示自己的价值观和责任,而且是为了在他们实现目标后获得对工作的满足感和热情。

③榜样激励。作为公司领导,在管理工作过程中,尽量将重心下移,把服务基层员工、解决基层员工问题作为工作的出发点和落脚点,做到与员工"三同",即以同样的方式分配任务、以同样的方法评估收入、以同样的方式实现奖惩。工作中经常会出现棘手的问题。在这个时候,领导者应该以身作则,带头与他们打交道。当问题没有解决,任务没有完成时,首先要追究自己的责任,不能推卸责任,亲自提高员工的责任感。

④竞争激励。在公司员工感到疲惫和懒惰时,有必要制定相关的竞争和激励制度来激励他们,通过竞争最大限度地发挥他们的能力和潜力,不断提高他们的工作水平和效率。内部竞争过程中,企业内部员工和部门间存在竞争关系,会使员工充分发挥主动性,努力将压力转化为动力,始终将命运与工作责任联系在一起,形成强大的凝聚力。

第四章 三全育人背景下的中职生创新创业教育

第三节 中职生创新创业能力的提升路径

在对创新创业人才进行培养的过程中,中职院校教育效果是非常明显的,并且对创新创业的发展与实施也越来越关注。但是,在各个中职院校的具体实施过程中,中职生的创新创业意识仍然比较薄弱。中职生对创新创业的认识存在偏差,对创新创业的影响较大。创新创业教育以培养高质量的创新型应用型人才为目标,强调培养创新意识,提高创新创业能力。

随着社会的发展,各行各业对创新创业人才培养也有了新的诉求,这就需要中职院校、政府、社会和企业必须保持稳定且密切的合作,一起解决创新创业教育的改革和现实问题,引导学生逐步建立满足社会发展要求的创新型人才成长目标,强调思想政治教育在中职院校创新创业教育中的价值导向地位,促进中职生创新创业实践学习、合作学习和研究,采取一系列对策来提升中职院校创新创业人才培养的针对性和有效性。

我国中职院校的创新创业教育仍在发展的早期阶段,许多中职院校都在不停地探索适合自身的发展方式,并且已经初具成效。中职院校创新创业教育是一项系统工程,需要长期努力和进一步研究。

一、引导中职生树立创新型人才成长目标

引导学生更加深入、全面地理解新时代对人才的需求,正确把握新时代学生的思维动向,充分了解人才需求,促进创新创业,并在此基础上引导学生更好地树立发展目标。

(一)引导中职生明确成才目标,把握成才导向

时代不同,人才观念不同,对人才的要求也不尽相同,这就使得中职

生的成长成才目标发生了改变。《国家中长期人才发展规划纲要》对人才下了明确定义——人才是指具有专业知识或技能,进行创造性劳动并对社会作出贡献的人。从中不难发现,人才的培养需要从全方位进行,不仅要提高中职生的知识储备和技能,还应培养优秀的思想和人格。引导中职生确立正确的成才目标,要在下面几点上下功夫。

第一,把握好思想政治工作的方向。借助多种方式拓宽中职生思想政治教育渠道,注重提高中职生的政治觉悟和道德品质,帮助中职生树立共产主义理想,同时注重中职生健全人格的培养。

第二,把握好知识导向。时代在发展,知识在更新,因此要力求让中职生认清当前形势,抓住时机,不断丰富自己的视野和内涵,充分掌握专业知识与最新动态,时刻了解国家的新政策、新方针,通过不断学习丰富和完善自己的专业知识。在学习理论知识的过程中重视与实际紧密结合起来,开展综合实践,让学生利用知识解决实际问题。

为了有效地帮助中职生自身实现成才目标,需要他们提升自己在不同方面的能力。

灵活运用知识的能力。通过三至四年的学习,中职生通常可以牢固把握专业的基础知识,不过因为实践经验不足,进入企业后不能马上开始工作,必须经过专业技术培训后才能真正地走上工作岗位。因而,作为在校的中职生要注重培养自己运用知识的能力,积极参与各类创新创业实践项目,将理论知识运用到实践项目,不断地从中积累经验,这样才能更好地适应社会需求。

持续学习能力。中职生的学习现状存在知识结构不合理、不深入的问题,而近年来我国中职院校的教育教学改革虽然不断深入,在教学形式和教学方法上也有一定的改进,但不太重视对学生自主学习能力的培养,这就使得我国中职生自主学习能力普遍较差,在以后的工作中遇到新知识,不容易理解、掌握。因此,中职生应不断提升学习能力,将理论知识与实践相结合,提升自身素质,高效地实现工作目标。信息时代要求学生不断地学习,通过更新知识内容来丰富知识的结构。

第三,做好行为引导。引导中职生确立崇高的理想信念,培养明辨是非的能力,在复杂的社会现状下保持积极向上的正能量;加强思想道德防御,增强抵制消极思想的能力;不断提高思想道德修养,保持正确行为。在教学过程中注意对中职生日常行为规范的教育,使中职生能够以正确的行为规范来约束自己的言行,发扬良好的道德传统。

第四章　三全育人背景下的中职生创新创业教育

（二）引导中职生认知成才价值，自觉履行社会责任

为了引导中职生树立满足新时代发展的创新性成长目标，应强化他们对成才价值的认知，这就需要他们能够平衡全面发展与个性发展二者的关系，从本质上来说是如何处理个人利益与集体利益的关系。中职生健康成长需要正确的价值观引领，应明确分辨全面和个体，但二者其实是辩证统一、相辅相成的。当代中职生应把实现个人价值追求与实现社会价值联系起来，这二者并不是对立的，而是辩证统一的。中职生一定要明白任何个体的价值都离不开社会关系和社会条件的支持，并在社会中得以实现。不难发现，一个人的成长可以体现出所处社会对人才的要求，还体现了社会性的主要特点。在成长价值的实现过程中，一定要将个人追求与社会需要结合起来，将个人价值融入社会生活，在发展个人价值的同时心怀社会责任感，在社会公共生活中勇于承担自己的社会责任。中职生将其个体价值落实为具体行动，在社会生活中转化为现实，就是用实际行动实现了个体价值。中职生步入社会，无可避免会面临和其他人比较、竞争的情况，应对职场上类似的人际关系问题时，中职生应学会正确处理利己与利他、一致性与差异性的关系。用良好的道德规范指引自己的行为，使自己更加成熟，积极履行应尽的社会责任，活出人生的意义。随着社会经济的不断发展与进步，个人软实力越来越重要，在中职生的个人发展中，与人合作和沟通的技能是一项非常重要的软实力资源。它不仅体现了一个人的综合能力，也在企业和团队协作中发挥着重要作用。企业的工作任务一般是由一个团队或多个团队执行，这需要团队成员具有团队精神、责任心和良好的沟通能力，确保问题的妥善解决和项目的顺利推进。通过参与各种创新创业教育实践活动，使中职生在沟通能力、团队合作能力等方面得到锻炼和提高，为中职生未来的发展奠定基础。

（三）引导中职生积极参加社会实践，提高自身意志力

不同于其他理论课程教学，创新创业教育在重视理论教学的同时，更加重视实践活动，它是一门具有较强的实践性和综合性课程。基于创新创业教育课程的本质，在教学过程中不仅要使学生掌握充足的专业知

识,还要重视培养创新创业精神和能力,与此同时,为了让中职生更好地将个人发展融入社会发展中,也应积极引导中职生将学到的理论知识应用到实践中。作为我国社会主义事业的建设者和接班人的中职生,是我国建设创新型国家重要的新生力量,也是人才强国战略的关键因素。目前,我国大多数中职生的创新意识和创业能力需要不断提升,迫切需要把中职生的创新精神以不同的水平和方式与实践活动结合。因而,中职院校开展中职生成才教育的过程中,一定要摒弃片面、狭隘的实用主义教育思想。

第一,积极推进教学模式改革。不断更新学科前沿知识,把当下的学科与科研资源融入教学中,加强学生对专业前沿知识的深入了解,改变一直以来机械教学的方式,真正地让学生处在主体地位,不断提升中职生的自学能力和独立思考能力。根据不同教学需要利用多种教育形式及手段,例如,在教学中创设教学情境,基于案例的对比式教学等。运用多样的教学形式和先进的技术手段,提高学生的学习兴趣,提升教学质量。新教学模式下的教育改革应强化学生对专业知识的理解和感悟,不断提升自我能力。

第二,强化学生实践教学环节。开展教育实践活动,有效提高教育教学质量,例如,依托行业建立稳定的实习、实训基地,制订合理的教育教学计划,在学期中、末组织学生参与专业技能训练,在实践过程中加深对所学知识的理解,进而提高学生将理论知识转化为生产力的能力;整合资源,积极搭建实践教学平台,让学生把所学知识、专业技能与实际项目相结合,积累相关经验,培养中职生的创新精神和实践能力。在新时代成长起来的中职生,从小在生活、学习等各方面都享受了比较好的条件,会出现一系列问题,如遇到压力心理承受能力较弱、太关注自身利益等。而现代创造型企业的员工应该是稳定、有责任心和敬业精神的,这就使得中职院校对中职生进行社会生存观和价值观教育势在必行,提高学生适应社会的能力。在创新创业教育过程中中职生应在培养脚踏实地的敬业精神上下功夫,有效利用创新创业课的教学资源,积极主动地参与团队合作。中职院校中职生成长成才的育人模式,应坚持党的教育方针,立足于中职院校的实际情况,不断更新思路,促进人才素质的提高。

第四章 三全育人背景下的中职生创新创业教育

二、发挥思想政治教育对中职院校创新创业教育的引导作用

思想政治课在高等教育理论课程中有着不一般的引导意义,这不仅解决了学生在现实中的困惑,也有助于他们树立正确的人生观和价值观。这对学生的成长和成功至关重要,在创新创业教育中发挥着积极、重要的引导作用。

（一）以思想政治教育决定创新创业教育的正确方向

社会主义核心价值观的正式提出要求创新创业教育应远离盲目的照搬照抄,在创新创业教育中发挥着主导作用。为了实现中华民族的伟大复兴,应尊重历史规律,顺应历史潮流,把握发展趋势,努力学习建设创新型国家,由此对人才培养机制提出了不同的要求。中职生作为青年群体的中坚力量,肩负着实现国家发展、民族复兴的重任,他们的个人价值影响着国家的命运。因而,中职生创新创业教育应符合建设创新型国家的发展战略,以社会主义核心价值观为价值导向,开发多元化的学习教育载体,从而培养中职生的创新创业精神,使全体师生深刻地认识到开展创新创业教育的必要性和意义。

从经济新常态的背景出发,提出创新驱动经济发展的战略,创新创业教育十分贴合思想政治教育的时代要求,准确地贯彻了社会发展的新理念,坚持了立德树人的本质要求。思想政治教育与创新创业教育的目标相一致,都是为了培养中职生良好的道德品质、树立科学的理想信念,最终目标都是每个人自由全面发展。思想政治教育必须围绕社会主义核心价值观展开,社会主义核心价值观是创新创业教育的重要发展方向。社会主义核心价值观囊括了国家、社会和公民三个层面的价值要求,因此,中职院校创新创业教育要强化思想政治教育价值的引领功能,从而及时发现创新创业教育工作是否按照发展方向进行,也有利于使中职生通过创新创业产生成就感和使命感。在中职院校创新创业教育中融入思想教育有利于社会主义核心价值观的传播和践行。

(二)以思想政治教育引领创新创业教育的价值内容

从内容上来看,思想政治教育与创新创业教育在很多方面有高度一致性。中职院校思想政治教育方面开设了一系列课程,如职业道德教育、形势与政策课程、中职生心理健康等,开设这些课程有许多方面的目的,有助于完善中职生的人格特征,不断提高政治觉悟,增强服务意识,将个人抱负与国家发展结合起来,培育健康心理,形成健全的人格。中职院校创新创业教育应注重中职生个体的视角,引导中职生建立正确的人生观和价值观,促进中职生在实践中得到发展与成长。同时,也应从社会价值入手,让中职生通过参加实践活动符合新形势下职业的发展需求,不断充实、完善自我,学会借鉴别人的经验,为以后从事创新创业实践奠定理论基础和实践经验。根据学校实践和经济社会的需求,引导中职生形成符合社会发展的价值观。

1. 创业观教育

正确的创业观是中职院校创新创业教育发展的必备条件。一个人的世界观、人生观和价值观对他自身的活动起到了支配作用。清晰且正确的世界观、人生观和价值观,可以让我们坚定目标,并以积极向上的态度为之努力。若要培养中职生正确的创业观,应在推进中职生创新创业价值观教育的同时,根据建设创新型国家的各方面要求,让他们意识到在未来的创新创业过程中会面对诸多挑战和困难,并培养勇于探索、开拓创新的精神。因而,中职院校创新创业教育开展价值观教育的过程中,要充分利用不同手段,使中职生在创新创业的实践中,进行满足个人价值和社会价值的各种尝试。

强健的创业心理素质是提升中职院校创新创业教育实效性的一大因素。因而,在创新创业教育实践教学中,实施与运用的案例既有成功案例也有失败案例,让学生学会剖析失败的原因,吸取别人失败的教训。用失败的案例让中职生深刻地意识到,创新创业并非一帆风顺,而是一条艰苦的道路,会遇到各种挑战和困难。中职院校创新创业教育的重要目的之一在于培养中职生良好的心理素质,既要有远大的理想和进取心,在实践中尽可能地发挥自己的优势和才能,勇于探索开拓出一番

第四章 三全育人背景下的中职生创新创业教育

事业,同时,遇到挫折及失败时,应具备强大的抗挫能力和承受能力,培养屡败屡战的坚强意志。因此,中职院校创新创业教育中,培养中职生良好的心理素质的确是一项不容忽视的工作。

2. 理想信念教育

理想信念教育也是中职院校创新创业教育发展的必备条件,是提高创新创业教育实效性的重要途径。当下的社会环境十分复杂且存在各种诱惑,容易使中职生缺乏坚定的理想和信念,而只有具备远大的理想和坚定的信念,才有助于他们树立明确的目标,并为之投入精力、资源等。个人理想涵盖了社会理想、生活理想和创业理想等,创业理想可以说是实现社会理想和生活理想的手段。帮助中职生树立正确的创新创业价值观的过程中,也应重视对理想信念的教育,指引中职生确定创新创业的方向,开拓适合的创业思路。与此同时,应注重推进中职生素质教育,在创新创业过程中发挥自身的能力优势,找到自己的兴趣所在。因此,中职院校创新创业价值观教育中,应注重培养中职生的创新创业理想信念。

3. 职业道德教育

加强中职生职业道德教育是创新创业价值观教育的重要内容。职业道德指的是从业人员在职业活动中应遵循的道德规范和行为准则,爱岗敬业、诚实守信、服务群众是公民必须遵守的职业道德。通过对中职院校创新创业教育的现状进行分析,职业道德方面的教育占有一席之地。中职院校思想政治教育的课程与现实情况存在脱节,内容陈旧,教材内容多为空洞的说教。因而,中职院校开展创新创业教育要注意增强中职生的自律意识,强化中职生的社会责任感。在塑造了创新创业价值观时,学生必须坚持崇高的职业理想,培养良好的职业习惯,具有良好的职业道德。这是培养学生创新创业价值观的重要组成部分。

(三)以思想政治教育拓展创新创业教育的载体模式

在创新创业教育中融入思想政治教育可以充分地发挥出后者的育

人功能,以培养中职生的实践能力为重点,使中职生的自我价值与社会实现相统一,结合社会发展趋势,使创新创业教育成为思想政治教育的新载体。

1. 课程主渠道载体

创新创业教育是为培养中职生的创业意识和创业能力专门开发的课程,当前在我国大多数中职院校采用以选修课为主或必修与选修相结合的形式开展,通过调查发现现有的课程安排并没有抓住创新创业教育的实质,也不能很好地实现其目的,更谈不上全面提高中职生的创业能力和创业素质。

创新创业教育课程体系的构建是离不开专业课程和基础课程的,进而帮助中职生形成科学的创新创业观念,使中职生的创新创业能力得到提升。例如,中职院校思想政治理论课的必修课程之一——思想道德修养与法律基础,旨在牢固树立社会主义核心价值观,培养中职生高尚的道德品质,为中职生创新创业提供理论引导。专业教育是学生学习理论知识,提升专业技能的主要途径,通过深入学习专业课程,学生才能产生学习的欲望和对本专业的期待,提升专业认同感,从而密切关注行业发展,以极强的担当精神和进取意识积极地为行业未来而努力。深入钻研本专业的有关方面有助于中职生完善自身的知识结构,开辟创业思路,进而提高创新能力和创业素质。

2. 实践活动载体

在创新创业教育的载体建设中,一个非常重要的方式是创新创业教育实践活动,所以要在实践的过程中摸索出适合创新创业教育的方式,制订科学的实施计划,使创新创业理论知识与能力得到有效提升。当下的创新创业教育实践活动多为创新创业大赛、创业园项目,实践活动形式单一,因此,可以在其中融入思想政治教育实践活动,使其形式更加丰富。例如,组织"创新创业"主题班会或辩论赛,调动学生参与活动的积极性,尽可能全方位地认识创新创业;组织学生到本地创业成功的企业参观、学习,与企业的管理者沟通,使学生进一步认识创新创业,从他们身上积累宝贵的经验。依靠形式多样的实践活动,让学生的情感体验

第四章　三全育人背景下的中职生创新创业教育

丰富多彩,强化他们的责任担当,使他们勇于开拓进取;认识到创业的道路充满艰辛,体会企业文化巨大的感染力,通过亲身经历提出积极的改善方法。

3. 网络教育载体

随着新媒体技术的逐渐推广,新的网络媒体已经成为教育领域的一个新前沿。中职院校思想政治教育不再僵化、单调,教育工作者们正在积极探索网络思想政治教育的新模式,其重要内容是利用社会主义核心价值观引领中职生成长成才。若中职生遇到各种疑问,会在网上搜索同样适合创新创业教育过程的解决方案。创新创业是我国当前高等教育发展的必然选择,可以促进中职生的健康发展,因此,有必要将创新创业教育的更新和更广泛的内容纳入网络思想政治教育中。基于各种形式的媒介,更有效地向学生教授知识和技能,基于多样的载体形式,更加有效地向中职生传授信息,进一步强化社会主义核心价值观的渗透和引领,引导中职生树立适合自己的人生目标,将社会主义核心价值观用于个人成长的方方面面。新媒体时代的到来,彻底颠覆了人们对传统媒体的认知,重新定义了人们获取信息的方式,无时无刻不在影响大众的思维方式和行为模式。中职院校开展创新创业教育过程中,我们必须充分利用新媒体交流信息的便利性。中职院校创新创业教育应充分利用新媒体促进信息传播,为学生提供机会,让他们了解创新创业的时代精神,特别注重培养他们的创新意识和技能。

网络创业模拟结合了课堂学习和在线互动两种方法,是将课堂理论与创业活动有机结合的网络在线教育平台,也成为中职生进行课外实践的重要平台。有了这个平台,学生可以跨越时空界限,及时得到多种多样的信息,进行远程学习和自主学习。有关学校的实践已经表明,网络模拟教育平台在创新创业实践领域已经取得了重要成果,不足和缺点仍广泛存在。例如,网络创业模拟平台不能让学生感受到创新创业中的风险。为此,在以网络的方式进行创新创业模拟教育的过程中,应在以下方面着手:一是把风险防范作为重要任务,摆在优先地位,提高学生对该方面的理解能力,引导中职生树立创新创业的风险防范意识;二是使创新创业模拟平台更加科学、合理,模拟过程必须缩小与现实之间的差距,更加全面地制订教学方法。只有这样,我们才能更有效地培养学生的创业思维和自学能力，使创新创业人才培养能够持续发展。

当下是新媒体时代，微博、微信和 QQ 等社交媒体已经流行起来了，可以说每个中职生都有这些社交账户，借助各种媒介高效地接收到与创新创业相关的信息和理论，这可能会在无意中影响他们的世界观、人生观和价值观。因此，我们必须积极利用新媒体形式向中职生传达创新创业精神。一方面，中职院校教师要以新媒体手段开展教育，在新媒体的影响下培养中职生的创新意识、拓宽他们的视野。教师应充分发挥网络平台的作用进行相关知识的宣传工作，使学生更加深刻地感受到我国对创新创业的重视程度，在依靠创新创业推动我国经济高质量发展的形势下，中职生要勇敢地站在时代前列。让学生清醒地明白一点，建设创新型国家是当代的人才必须承担的历史重任。另一方面，教师应自觉学习新媒体方面的知识，并且可以熟练运用多种新媒体技术进行教学，基于这些再进一步通过多种措施建设创新创业的师资队伍，改革传统教育的旧思想，对教育理念进行探索、创新，利用社交媒体帮助中职生解决创新创业活动中遇到的困难，从而影响学生对创新创业的认识，提高他们对创新创业的热情。

三、基于综合素养的中职生创新创业能力的培养方法

（一）改进学校教育方式与手段

强化运用现代网络平台，针对创新创业体系开设能够提高学生综合能力的网课，培养学生开创性个性，不得不依靠学生自身的主动性。信息化发展的今天，教师教学要充分发挥网络平台的辅助推动作用，采取科学化措施拓展教学渠道，继而将学生主动学习和选择学习的能力发挥出来。教师在网络平台上将教学计划、教学目标、参考资料等与学习相关的资料全面展现在学生眼前，学生在选择学习课程时可以根据网络平台上的材料展开选择。任课教师可以将与课程相关的资料进行简单的列举，鼓励学生自主结合国家、社会发展趋势，就目前发展态势提出自己的见解，提高教学内容的感染力与吸引力，带动学生积极主动地学习。在信息化时代背景下，大量的信息为学生发展提供了支持，也为教师教学带来极大挑战。教师要具备足够的知识储备量，以满足学生的发

第四章　三全育人背景下的中职生创新创业教育

展需求。教师要重视学生的信息收集能力与处理能力的养成,为学生成长提供必要帮助。

（二）基于核心素养理念的创新创业人才质量评价体系

对创新创业人才质量的评估需要一套综合性、多元化的评价体系,包含知识、能力以及素质等方面的内容。指标的设定除了能够考评学生对专业知识的掌握,更要考评学生在创新、创业、创造等方面的知识和能力。不仅要重视知识和能力的评价,更要考虑到创新创业意识和思维的养成。在创新创业意识的支配下,创新创业思维的培养十分重要,主要包括理性思维及批判性思维的养成。理性思维是科学精神素养下的一个基本要点,是指逻辑清晰且有强烈的实证意识,能运用科学的思维方式认识事物并解决问题。批判性思维则与传统的标准化思维、确定性思维相对,是指能够突破常人思维的界限,以反常规的视角思考问题,以独树一帜的方法解决问题并从中把握机会,产生具有独创性的创新创业成果。但是批判性思维绝不是单纯为了批判而批判,而是在批判的过程中锻炼自身的理性思维能力,通过知识和观念的重新组合,探索解决问题的新方法、新路径。因此在创新创业人才质量评价中,对于理性思维和批判性思维的评价均不可或缺。[1]

（三）打造校企融合的"双师"团队,助力学校创新创业工作

社会发展需要的是复合型人才,需要的是有较强求异思维、较高动手能力的创新创业人才。要对学生进行全方位锻炼和打造,教师的能力水平是第一要素,而其中理论结合实践的教学能力又尤为关键。中职学校的教师都有教师资格证,但很多教师在专业领域中的实际经验不足,学校首先要与企业签订战略协议,鼓励教师通过自身努力在企业进行锻炼,并考取相关的"双师型"资格证书,以提高自身的教学能力,在理论和实践方面都有突出的表现,这样对"项目工作室"活动的开展有深远的积极影响。

---

[1] 张素丽.培养中职生创新创业核心素养的方法探究[J].职教论坛,2020（7）: 205-206.

与此同时，学校也应该与企业积极合作，推动引入项目工作室的工程师、设计师、项目经理、项目总监等能工巧匠考取教师资格证，将自身的实践能力与教学能力相结合，融入教师队伍当中，采用专职或者兼职方式开展教学，既可以丰富教师队伍，还可以为现有的教学框架提供更多的建议，为培养创新创业人才提供师资保障。

　　综上所述，对创新创业型人才的评价应该在核心素养理念的指导下，从理论知识、实践能力、创新创业意识和创新创业思维等方面强化综合素质培养，以核心素质培养为基础强化专业人才培养机制的完善创新，切实保证创新创业核心素养的全面发展。

第五章　三全育人背景下的中职生劳动教育

中职院校作为人才培养最主要阵地,必须严格把握我国经济发展趋势,积极合理将劳动教育与人才培育相结合,为学生传递正确的劳动观念以及职业发展意识,培育创新型、创业型人才,让学生成为复合型的人才,也让中职院校具备的教育主阵地功能得到全面发挥。本章主要研究三全育人背景下的中职生劳动教育。

第一节　劳动与劳动教育

一、劳动

劳动是人类赖以生存与发展的基础,主要是指人类物质资源的产出过程,一般来说,指的是能够直接对外传递劳动力信息或劳动价值的人类社会活动。素养主要指个体后天形成的知识、观念、思想和态度等良好的品质及与之相适应的能力。劳动素养可以指个体通过亲身实践(体力劳动和脑力劳动)所形成的劳动知识、劳动观念、劳动思想、劳动态度和劳动技能,具有综合性、体验性、阶段性和社会性等特征。就中职学生而言,劳动素养是指中职学生在日常生活、学习、生产劳动和志愿服务劳动等教育活动中养成的必备的人格品质和行为能力。中职学生接受劳动教育的结果体现为劳动素养的养成,可从以下方面理解其内涵。

首先,为了促进生命健康发展和满足现实生活以及未来工作的需求,中职学生在成长过程中需要养成多种素养,劳动素养是其中必备素养之一。

其次,劳动素养的养成是中职学生核心素养发展的必然要求。劳动意识是中国学生核心素养之一，而劳动素养是对劳动意识的补充与完善，丰富了学生核心素养的内涵，进而推动学生的核心素养继续向前发展，是实现中小学生全面发展的重要内容和步骤。

最后，劳动素养是评价中职学生劳动教育成效的重要指标。劳动素养是中职学生由劳动思想转向劳动行为、由劳动理念转为劳动习惯、从劳动意识转到劳动创新实践的内在动力和重要因素。因而，中职学生劳动素养是劳动教育培养人才的基本素养，也是促进和推动中职学生全面发展和从容就业之行的有效途径。

二、劳动教育

（一）劳动教育内涵

所谓劳动教育，主要是指让学生树立正确的劳动态度、劳动观念，养成良好的劳动习惯的教育，最终目的就是提升学生劳动素养，助推学生全面发展，对于学生的劳动价值取向、精神面貌以及技能水平有着直接决定性的作用。劳动教育主要包括帮助学生树立良好的劳动观念，培养学生良好的劳动素养。

劳动教育在我国源远流长，从教育的起源来看，先民早期的劳动教育发生于实际生活中，劳动与教育是一致的。愚公移山、夸父追日等神话传说都是反映古人对劳动的礼赞。随着生产力的提升，农业发展促进了耕读文化的产生，"耕读相兼"的思想根植于中国传统劳动价值观中，形成了独特的劳动哲学：自强不息、敬天惜时、人文理性、造福于民。到了独生子女时代，"四二一"的家庭结构造成了青少年劳动教育的缺失，带来了自理能力、适应能力、创造能力的下降。苏霍姆林斯基认为，"离开劳动，不可能有真正的教育"。从社会发展来看，劳动教育更是有着举足轻重的作用。民族发展、民族复兴更需要培养中职生热爱劳动、崇尚劳动的劳动价值观，只有实干，才能兴邦，只有通过劳动实践才能推动社会的进步。

通过中职劳动教育，将劳动精神、劳动意识融入中职生生活、引领校园风尚，让劳动实践、劳动成果成为中职生荣耀传递的底色，克服享乐主义的错误思想，从而寻找到人生价值，获得人生的精神财富和幸福的

第五章　三全育人背景下的中职生劳动教育

根基。这也成为中职劳动教育的内涵和目标。从劳动教育的内涵来看，劳动教育不能简单地理解为劳动。二者的内涵和外延有着本质的区别，是不同的实践活动。人的生命包含生存和生活，劳动更主要是达到生存的目的，而劳动教育在生存目的的基础上，还培养学生的劳动素养、树立正确的价值观、鼓励学生通过劳动实现自我价值、精神满足。所以，在开展劳动教育时，不能简单地用参与劳动代替劳动教育，不能将劳动资源等同于劳动教育资源，不能用劳动成果衡量劳动教育的育人效果。

（二）劳动价值观内容分析

从现实生活的角度来看，当前许多中职学生还不具备劳动的基本意识，许多学校对学生缺乏必要的劳动教育。其主要原因在于，教师对劳动教育的重视程度不够。在中职教育阶段应着重发展学生的全面素质，尤其要重视学生的积极价值观念，使学生建立健全的认知体系，在实施新课程的同时，要始终坚持立德树人，把德智体美劳结合起来，使之成为一种新的教学方法，劳动教育是关系到学生劳动能力的重要内容，是其他四育（德、智、体、美）无法取代的，因而它在实践中有着独特的意义。

所以，要把劳动教育和"四育"有机地结合起来，才能使学生获得全面发展。在实际教学中，教师可以进行各种形式的教育。比如，把德育和劳动教育结合起来，使学生形成正确的价值观念，从而形成良好的品德品质。把智育和劳动教育结合起来，使知识和实际相结合，理论与实践合一。体育与劳动教育有机地结合起来，要充分挖掘劳动价值观的内涵，提倡公平竞争、团结协作的精神。美育和劳动的结合，使学生能够从劳动中获得表现美和创造美的能力。通过这种综合的教学，使学生真正地培养德、智、体、美、劳综合素质，这就是培养高素质人才的必然结果。

在进行中职学生劳动价值观教育前，教师要明确劳动教育价值观的具体内容，并对劳动教育的内涵进行剖析，以便更好地进行劳动教育。劳动价值反映了马克思的思想观念。马克思、恩格斯的观点是：世界是由劳动产生的，历史是由劳动产生的，社会是由劳动产生的。"劳动是一切商品价值的唯一源泉，劳动剥削是资本主义的社会本性，按劳分配是实现社会正义的重要原则。"劳动是一切社会的财富之源，如果没有劳动，什么都无法产生。

第二节 中职生劳动教育体系的构建与实施

一、中职院校劳动教育存在的问题与成因

（一）中职院校劳动教育存在的问题

近年来,职业院校对于劳动教育课程进行了颇多有益的探索,但或缺乏健全的顶层设计,或在执行中流于简单机械的模式,实际成效常常打了折扣。以"三全育人"作为检验的标准和范式,发现部分院校对劳动教育重视度有所欠缺,表现在全员的参与度不够、全过程的规划不够和全方位的推进力度不够等方面。

就全员参与度不够来说,部分中职教师将大部分时间和精力放在教学上,高度重视对学生智育和德育的培养,对劳育的重视程度相对薄弱。而五育是不可分割的整体,要努力养成五育全面发展的学生,就必须要重视劳育的建设;就全程规划不够来说,大部分院校在开展劳动教育过程中往往采用理论学习模式,实践环节比较单一、考察方式比较零散,没有形成完善的如包含从入校到毕业全过程的规划体系;就全方位推进力度不够来说,目前大部分院校劳动教育课程开展仍然以课内、校内形式居多。要充分利用校内资源是正确的,但是也应挖掘和发挥校外、社会大课堂这本"教材",形成校内外多联动,促进理论与实践相结合,丰富育人载体,形成育人合力。

1. 对劳动教育认知不够,学生劳动技能有待提升

受传统教育意识的影响,学生大多劳动教育观念比较薄弱,对劳动观念的重视度不高,反映为在校期间生活能力较弱、实习期间不愿吃苦,频繁提出调岗等问题。在校期间,学生需独立完成生活各方面的安排和整理。而在实际观察中发现部分学生很难整理得当自己的寝室,对

于完成将物品摆放整齐、定期打扫卫生、保持干净整洁这样的要求有困难。到了实践岗位上部分学生的表现也不尽如人意:对于实习单位正常的工作安排喊苦喊累,多次提出申请调至轻松一些的工作岗位。

这就给了我们警醒和思考,要提升学生的劳动技能,首先还是应当从培养学生的劳动认知开始。树立正确的认知,从一点一滴的日常开始,从点滴处培养劳动意识,在经常性的劳动中磨练劳动意志。

2. 劳动教育课程设计不完善,体系建设有待加强

劳动教育效果的保障很大程度来源于劳动课程的授课质量。纵观劳动课程的设计和实施,部分学校存在劳动教育课程独立化、与思政课程关联度较少、内容设计较简单、吸引力不够、评价考核体系有待进一步完善等问题,这是制约课程体系建设的短板,也是影响劳动教育效果的事实因素。

劳动教育课程应当充分与思政等相关课程保持高度联系、相互融合,在实际授课中穿插相关内容;在内容设计上应当与时俱进,既具备充分翔实的理论依据,又能够采用学生喜闻乐见的形式,从文本上吸引学生的注意力;评价考核体系的建设在吸收当前已有评价体系精华的同时,也应立足于本校实际和学生实际,确保全方位考察课程实施效果。

3. 劳动观念偏颇

经济市场和企业要求中职学生掌握基本的文化知识和职业技术技能的同时,还要具备一定的劳动素养。在中职学校,劳动独特的育人价值大多被忽视淡化了,不以企业和市场需求为导向培养人才的中职劳动教育导致中职学生劳动素养缺失,既没能很好地完成培养德智体美劳全面发展的社会主义建设者和接班人的教育目标,也严重阻碍了学生的全面发展。

有调查发现,63.4%的学生认为,劳动观念在塑造中职学生的职业精神和工匠精神方面起着至关重要的作用,这也为中职学校加强劳动教育提供了重要依据。学生对劳动素养的认知存在一定的偏差,意识不到劳动素养的重要性,往往将其置于文化科学和专业技能之后,因为思想上不重视,行动起来自然缺乏积极性和主动性。另外,中职学生劳动素

养自我养成意识薄弱,懈于思考职业生涯规划。在制定职业生涯规划时,往往过于理想化、随意化,不认真思考未来社会发展的岗位需求,自己应该培养自己哪方面的劳动素养和专业技能。在关注激发中职学生的劳动热情、培养劳动品质的同时,更要注重培养他们在未来学习、生活、工作中所必备的劳动习惯和劳动素养,以此完善劳动教育的内涵。

4. 未形成劳动习惯

调研表明,中职学生如果能在学生时代养成良好的劳动习惯,毕业后能更快更好地适应社会生活,也更能胜任工作岗位的需求,从而更容易收获幸福的生活与成功的职业生涯。而现实情况是,一方面,家长们大多只关心孩子的学业成绩,对孩子没有任何的劳动要求,为了不影响孩子学习,不让孩子干任何家务活儿,留守儿童更甚。而信奉"安全第一"的中职学校也不重视劳动教育,不愿意探索制定规范的劳动机制和体系。另一方面,社会价值的多元化对学生的影响也非常明显。在改革开放和市场经济的浪潮冲击下,部分孩子对劳动嗤之以鼻,认为艰苦奋斗和勤劳俭朴已经过时,唯"今朝有酒今朝醉"的享乐主义马首是瞻。

5. 未养成劳动品质和精神

由于大多中职学校将劳动教育等同于专业技能教育,导致中职生劳动价值观偏颇、劳动情感和劳动意识淡薄、劳动态度不端正、劳动品质和劳动精神欠缺。很多在校中职学生将主要精力和时间浪费在玩游戏、追星、看微博、刷抖音等方面,不爱参与劳动实践活动,值日生打扫教室卫生时敷衍了事,在每周一次的公共劳动中消极懈怠,拈轻怕重;厌恶、逃避义务劳动和社区公益志愿活动,家务活儿不愿也不会干,劳动意识淡薄,日常生活中没有形成劳动习惯,更谈不上敬岗爱业的品质和工匠精神的养成了。

6. 劳动教育思想意识薄弱

当前中职生劳动价值观的培育成效不尽如人意,这是我国中职生劳动观建设的一个重要因素。部分学校存在着较强的应试教育观念,在日常的教育和教学中,把学生的考试成绩、应试能力视为绝对的教学,而忽略了德育,特别是对学生的劳动意识的培养,由于对劳动教育的认识比较薄弱,导致了学生对劳动教育的认识不深,对劳动教育的内在价值也不了解。现在,"重教轻劳"的观点依然存在,其原因在于,在劳动教育中,劳动观念不健全,有些父母相信,学习才是孩子们的唯一目的,他们不让学生在家里干家务活儿,这就造成了学生存在生活不能自理的现象;受此思想的影响,很多学生不但对劳动没有热情,而且缺乏基本的劳动技能,有些学生做不到简单的事情,比如不会打扫教室,不会拖地等;有些同学的卫生状况很差。在新的课程理念下,基础教育阶段的教师应该把重点放在培养学生的综合素质上,而把重点放在培养学生的智力上,尤其是对学习成绩的关注,这样的教育理念很难将学生培养成心智健全的个体。

7.劳动教育方式简单化和陈旧

中职学生劳动价值观的培养效果不佳,与劳动教育的内容、形式、教育方式陈旧、落后等因素有关。当前,我国大部分中职院校在开展劳动教育的过程中,都采用了道德与法治等教学手段。几乎没有几所中职院校会为学生开设独立的职业教育课,也没有专门的教师来授课。劳动教育很松散,专业水平不高,在这样的背景下,教师的劳动教育质量明显下降,学生的劳动意识不强,劳动价值观的养成也没有得到应有的效果。当前,我国中职教育存在着就业培训资源不足、就业培训程度落后、就业培训项目缺乏、就业培训师资不足、师资力量不足等问题。有些专职老师没有经过专门的训练,也没有能力为学员提供关于劳动的讨论和沟通。目前,我国大部分中职的教师综合评估制度都没有对劳动教育效果进行评估,造成了教师对劳动教育的不重视。在劳动教育评价上,学校仅重视学生的实习能力评价,而忽视了学生劳动过程、劳动成果和劳动技能的评价,学校对学生的具体劳动能力、参与的具体劳动行为、所学的劳动技术等缺乏细致的评价。这导致了劳动教育流于形式,严重影响了学生劳动价值观的形成。

（二）中职院校劳动教育存在问题的成因

1. 中职学生劳动素养培育体系不健全

一是没有开设劳动素养课程来明晰劳动素养对人才培养的重要意义与作用，也没有建构全员参与、全过程、全方位的劳动素养培育体系。中职学生劳动素养培育体系不健全，师生思想上不重视，难以形成特有的校园劳动文化氛围。二是未形成完备的劳动教育课程体系。劳动教育课程包括理论和实践两方面的学习。理论学习对培育学生劳动素养具有基础性作用，而实践是培训中职生良好劳动素养的沃土。三是没有建立健全劳动教育评价体系。四是中职学校在劳动基地、实训场地社区实践、公益劳动和志愿服务等方面的宣传利用度和实践度还不够。

2. 中职学生对劳动价值观存在认知偏差

劳动价值观包含了人们对劳动本身的价值判断，以及劳动与其自身关系的认识。培育中职学生的劳动素养，关键在于塑造正确的劳动价值观。由于中职生大多没能认识到只有劳动才能创造价值、只有奋斗才能创造幸福生活，他们不愿亲身参与、体验劳动，也不珍惜他人的劳动成果。劳动作为人类一切价值的创造者，是培育中职学生的劳动素养的关键，因此，必须依据劳动教育的相关要求，让中职生在实训、实习的过程中，在辛勤劳动创造价值的过程中，充分体验精神愉悦感和自我价值实现感，促使新时期中职学生形成正确的劳动价值观。

3. 中职生所处社会环境的影响

首先，在急功近利的社会风气和拜金主义等思潮的影响下，人们的价值观扭曲，投机取巧、贪图享乐、一夜暴富等错误思想充斥着社会。

其次，在功利主义价值观的影响下，中职教师过于强调提升学生的专业技能，重视在全国全省技能大赛的成绩排名，轻视学生综合素质的发展和提高。一些中职院校认为实训教学、生产实习就等同于劳动教育,劳动课常被排斥、占用。

最后,中职学生社会责任感不强。社会也是重要的劳动教育阵地,中职生通过参加社会公益性劳动,能够体会到作为社会一员应有的社会责任感,强化中职学生的劳动责任。但是学校和家长很少会利用假期组织孩子参加社区公益性实践活动,比如植树活动、爱护环境、慰问老人等。

4. 对劳动教育的认知有偏差

首先,从家庭教育场域来说,一方面,中国两千多年的封建历史文化中,君子劳心、小人劳力的思想观念一直影响着人们的价值取向。这种消极劳动观念对现代家庭和中职生来说还存在影响。长期在这种错误的劳动认知下,就形成了错误的认识:讨厌劳动,轻视劳动,看不到劳动的光荣与伟大。另一方面,由于原生家庭"四二一"的家庭结构,学生从小缺少劳动的机会,坐享成果已成为习惯,所以主观上缺乏劳动意识,劳动认同感不强,劳动观念淡薄。其次,从学校教育的场域来说,中职院校为了提升学生到就业岗位上的适应性,在学校期间侧重于专业技术的传授,但是很多情况下,缺乏引导学生思考为什么要学习专业技术,学习专业技术不仅仅是为了生存,更在于使用技术去探索世界、认识世界、改造世界,寻找到人作为劳动的主体存在的价值。正是由于这种教育失衡,侧重了"劳"忽视了"育",直接导致的结果就是,学生进入社会后,只会机械地运用专业技术,体验不到探索世界带来的幸福感,感受不到劳动带来的快乐,所以,中职生很难从表面劳动教育中获得正确的劳动认知。

5. 对艰苦奋斗的精神认识不够

中职生出生在物质丰富的年代,从小享受着众人的呵护和关爱,过着衣食无忧的生活。在他们的认知世界里,物质生活充裕、精神生活丰富,不需要艰苦奋斗也能过着很好的生活,艰苦奋斗的精神对于中职生有距离感。所以他们不会劳动,缺乏对艰苦生活的锻炼,不能深刻体会劳动的艰辛,进而"不珍惜劳动成果"。殊不知,今天美好的生活,是几代人通过艰苦奋斗一步一步干出来的。习近平总书记说过:"社会主义是干出来的,新时代也是干出来的。"这个时代的艰苦奋斗精神,不仅指物质层面要艰苦朴素,更强调在精神层面要保持战胜一切困难的态度。

6. 对待劳动成果的态度不够端正

一些中职生,受"阶层固化"陈旧思想以及价值虚无主义的影响,否定普遍意义上的价值追求和理想追求。"阶层固化"思想下出现了两类人的生存状态和人生态度。第一类,就是从小不思进取,享乐至上,物质至上,及时行乐,对人生没有规划和想法,更谈不上用劳动创造快乐生活。第二类,是为生活奋斗、打拼、奔波的人,他们的家庭处在社会的中下阶层,比如普通的农民家庭或者生活在城市里的贫困家庭。由于社会分配不平衡、不充分,贫富差距、职场竞争等原因,处处不得志,甚至通过勤奋努力也未必取得自己所预想的成绩,所以对生活、对社会存在某种失望感,放弃劳动和奋斗,造成了社会责任感严重贬值。

二、三全育人视角下中职生劳动教育路径探索

(一)"三全育人"为劳动教育开展提供支持与保障

1. "全员育人"为劳动教育提供智力支持

中职育人的主体既包含了辅导员、班主任、专任教师等与学生联系较多的教师,也应当包含党政干部、教辅人员和服务人员。当然,除了校内的力量,家庭、社会等各方面也是育人的重要组成部分。

巩固辅导员和班主任队伍作为思政教育主力的位置。在中职生成长成才的过程中,辅导员和班主任的力量是相当巨大的。辅导员扮演着劳动价值观认同的利益提供者、劳动价值观养成的氛围营造者、劳动价值观内化的行为示范者等重要角色。班主任和辅导员从学生入学的新生第一课、就读期间学习上生活上各项事务的处理、就业方向的确定,乃至毕业后的关心关爱,都占据着很重要的分量。因此,辅导员和班主任更要以身作则,用高度的责任意识和担当精神成为中职生劳动教育的

第五章 三全育人背景下的中职生劳动教育

榜样。

发挥专业课教师思政教育作用。学生专业知识的获得主要来自专业课教师。专业课教师除了传授专业知识,也可以在讲课中适当融入劳动教育内容,在自己的课堂主阵地内引导和帮助学生具备更为完善的劳动意识。加强各部门之间的协同联动作用。育人从来不是一个人的单打独斗,它需要党政管理、后勤保障等各个部门一起携手,立足于工作实际、发挥各部门所长,共同为学生劳动教育成效提升保驾护航。

此外,也要坚持"大思政"教育观,整合课内课外、校内校外、线上线下优秀资源。如邀请相关行业优秀的企业家、校友讲讲创业、就业的故事,去感受工作上精益求精、不断进取的力量;也可以邀请身边的普通劳动者如后勤的保洁阿姨、寝室的阿姨、食堂的阿姨来讲一讲劳动的故事,他们每天的辛勤付出就是一堂生动的劳动教育课,这样的课更能打动学生。

2. "全程育人"为劳动教育提供渠道支持

从学生入校、就读到就业,要借助三个课堂来贯穿教育教学全过程,为劳动教育提供渠道支持。

第一课堂:打造好"课堂教学"主阵地——重构劳动教育课程体系。要充分发挥好课堂教学主阵地作用。将劳动教育融入课堂教学,对学生进行系统、全面、科学的劳动教育。开设《劳动教育》《劳动实践》等必修课程,在课程设计中融入抗疫、救灾等重大事件中涌现出来的典型人物事迹,大力宣传劳动者不畏艰难、百折不挠、敢于担当的高尚品格,让学生切实感受到劳动者的力量。同时,突出劳动教育在第二课堂中的重要地位,即注重学生实践能力的培养。如成立学生劳动社团定期开展劳动活动,组织学生赴实践基地进行劳动教育,通过参与式、体验式、行走式、探讨式等多种教学方式,使学生在劳动中体验专业,在实践中体验劳动。

第二课堂:传播好"校园文化"影响力——凝练劳动教育校园文化体系。中职生劳动教育实施离不开所在环境的影响。校园文化作为中职院校的灵魂,在校园文化中高度体现劳动教育,能够帮助学生树立正确的劳动意识。就如何体现而言,可以从校园建设、劳动活动、志愿服务、新媒体发布劳动相关内容、师生劳动风采、身边劳动榜样等维度出发,营造丰富多彩的校园文化氛围,让学生在耳濡目染中感受劳动的魅力,鼓励他们加入其中,用自己的力量谱写绚丽的劳动篇章。

第三课堂:凝聚好"职业实践"向心力——打造劳动实践服务体系。实践是提升劳动效果的有力方式。首先,可以将劳动教育融入党史学习教育实践。将微党课搬到田间地头,在汗水中讲述劳动故事,分享劳动实践心得,在亲身体验中体验劳动乐趣。其次,可以将劳动教育融入志愿服务。每个专业组建专业社团定期开展志愿服务,围绕"劳动+服务"两大重点,积极搭建志愿服务型劳动实践活动体系。组织学生开展校内校外志愿服务,并形成成果汇报、评比和展示,在服务中促进劳动能力、在付出中体悟劳动精神。最后,可以将劳动教育融入技能比赛。通过职业生涯规划大赛、创新创业大赛等,在比、学、赶、超中帮助学生深入了解自身的专业和未来从事的职业,从身边的人学起、向行业的翘楚看齐,学习他们身上的劳动精神,从而促进自身劳动素养的提升。

3. "全方位育人"为劳动教育提供保障支撑

跟其他普通的大学教育不同,职业院校有其教育培养目标的特殊性,即高度强调学生专业技能,高度重视学生实践能力。劳动教育作为能够充分提升学生实践能力的内容和载体,应进一步提高其在职业教育中所占比重,设计的内容更加全面翔实,开展的形式也应更丰富多样。形成课内、课外共同促进的多维度劳动教育体系。课内以第一课堂授课为主,课外以第二课堂如组织学生参与系列教育活动为辅,理论与实践相结合,共同促进、共同提升,打造线上、线下互相结合的多功能劳动教育平台。借助"互联网+"平台,建设包含劳动教育活动、劳动竞赛、劳动视频等一体化平台,挖掘丰富的线上资源,实现"全方位"教育。

中华人民共和国成立以来,我国劳动教育政策大概经历了促进工农业生产、服务思想改造、助力现代化建设和彰显个体价值四个历史阶段。职业院校作为劳动教育的"冲锋舟",要以高度的文化自觉和文化自信,吹响培养时代新人的"冲锋号"。就目前而言,职业院校已经做了许多有益尝试。可以预见,虽然职业院校劳动教育实施效果仍有瑕疵,但随着对劳动教育的日益重视,劳动教育必将在"三全育人"格局下不断发展,取得更大进步。

第五章　三全育人背景下的中职生劳动教育

（二）劳动素养是劳动教育的核心价值取向

1. 劳动观念内化

（1）加强中职学生的企业文化素养教育

首先，校企合作。将企业文化、岗位品质提炼出来的劳动素养融入人才培养或职工培训方案，基于职业精神和企业需要研制专业标准、课程体系与教学标准、岗位规范、质量标准。其次，在主题班会、教育教学实践中渗透职业道德、职业意识教育。开展以诚信、奉献、勤俭等为主题的班会活动，使学生认识到一个企业员工必须遵循诚信、奉献、勤俭等职业美德，自觉要求自己传承这种美德。校有校规，企业有企业的制度，在教学教育活动中提醒学生遵纪守法，在实例中渗透法治和职业道德教育。最后，开展形式多样的课外和校外活动，如校际篮球比赛、企业文体知识竞赛、参观见习等活动，在增强学生沟通交流能力的同时，使学生感到团结协作的重要性。

（2）发挥校园文化对学生劳动素养培育的作用

中职劳动校园文化对中职生的劳动思想观念、劳动价值取向和劳动行为习惯具有不可忽视的潜移默化的影响。劳动素养的提升离不开校园文化建设。第一，发挥榜样作用。开展好"劳模大讲堂"等活动。聆听劳模故事，宣传工匠精神、感受榜样力量，从而引导广大中职生学习劳模，尊重、热爱劳动。第二，充分利用校园劳动活动。开展好劳动主题演讲、学雷锋活动、手工艺术展、宿舍内务评比、变废为宝等活动，增强学生的劳动意识，养成良好的劳动习惯。第三，学校和社区合作，培育中职生的社会责任感，积极提高中职生的劳动素养。学校把学生参加的公益性社会实践活动纳入学生综合评定考核中，引导中职生热爱劳动、崇尚劳动，成为具有浓厚劳动情怀和劳动技能突出的全面发展人才。

2. 打造学生劳动素养实践平台，劳动习惯自动化

在鼓励学生参加每年毕业生的用工招聘会，及时了解企业对中职生能力素养要求的同时，中职院校还需制定科学的学生劳动素养人才培养

模式,打造学生劳动素养实践平台,着眼社会需求,紧跟市场,以企业需求为导向培养人才,让企业进驻校园。学校为企业生产提供包括场地、设备、员工培训、技能考证等物力和人力资源方面的支持。企业则为校方承担学生实习、实训基地,管理和教育实习生,维护和保养设备的计量鉴定等工作,优先录用学校毕业生。产教结合在专业知识与工作任务之间建立关联,在学生理论知识和实践技能之间搭建了一座桥梁,有条件的学校可以为企业开展代加工服务。学校按企业标准要求"准员工"学生完成加工生产任务。在实际加工和锻炼中增强学生的责任感和成就感,提升专业技能水平和解决生产实际问题的能力。

3. 构建劳动教育评价体系

建立健全劳动素养评价制度,首先要强化劳动素养评价目标。中等职业学校在结合学生专业培养学生职业技术技能的同时,注重提升学生的职业精神,培育学生爱岗敬业的劳动态度和精益求精的工匠精神;其次是优化劳动素养评价内容。劳动素养评价应将抽象的劳动教育内容具体化,隐性的劳动内容如劳动观念、劳动精神等形象化,繁复的内容简单化等;再次要注重劳动素养评价一体化、科学化、系统化。在中职学校开展劳动教育,要因材施教,注重各年级、各专业之间的纵向衔接和横向相连。同时综合运用劳动素养评价方式方法,依据劳动素养的发展性、阶段性和综合性等特征,灵活运用各种评价方法。注重多维主体评价,形成协同评价机制。最后,规范劳动素养评价过程,科学合理使用劳动素养评价结果。

中职劳动教育肩负着培养社会主义合格的劳动者和建设者之重任,为了培养专业人才,提高中职学生职业技术技能,中等职业学校在结合学生专业培养学生职业技术技能的同时,注重提升学生的劳动素养,培育学生吃苦耐劳的劳动品质、爱岗敬业的劳动态度和精益求精的工匠精神、养成认真负责的岗位精神和职业意识。

第三节　中职生劳动精神的培育

一、工匠精神概述

（一）工匠精神的历史考究

工匠精神的形成和发展过程是评价和理解工艺工作的过程。古希腊哲学家亚里士多德认为，为了维持社会运作，工匠是社会的必要组成部分。手工艺在社会发展和文明进步中发挥了重要作用。中世纪，随着工作观念的转变，工艺领域逐渐形成了职业道德、技术精神、产品精神等。中世纪后期，工艺成为技术发展的中坚力量。随着社会的不断发展，工艺及其相关的经验和知识得到了继承和发展，人们展现出了更多精湛的技能和智慧。随着科技的发展，科技精神得到了塑造、继承和延续，逐渐形成了精益求精、专注谨慎的专业精神和职业道德。

历代工匠为中国文化的发展做出了巨大的贡献。古老的丝绸、建筑等展现了工匠的高超技艺及其对价值的追求。随着生产力的不断发展，机器逐渐取代了部分人工，机械行业也逐渐形成了严谨、高效、理性等精神，丰富了工匠精神的内涵。

（二）工匠精神的内涵

社会的发展不仅需要先进技术的支持，更需要传统工艺具备的高超技能和专业精神。在此背景下，产业结构的变化促进了工匠精神内涵的更新。中职院校作为传承手工艺文化的重要场所，应积极顺应社会发展趋势，引导学生继承和发展手工艺，实现传统手工艺的更新和发展。在中国历史的发展进程中，对工匠的尊重反映了工匠对精湛技艺和创造力的追求和继承。随着现代科技的发展，传统工匠精神被赋予了新的时代意义，具体体现在两个方面：第一，工匠精神的重心发生了变化。工匠精神的重心逐渐从注重物质、技术层面转化为思想道德层面,更强调在行业中追求的工作精神。第二,新时期工业环境的要求。当下社会存在浮躁心态、劳动精神缺失等问题,通过创新与弘扬工匠精神,凸显爱岗敬业、艰苦奋斗的精神,通过中职教育将工匠精神融入育人教育,实现全方位育人。

二、中职教育渗透工匠精神的策略

"匠人易得,匠心难求。"所谓"匠心",就是工匠精神的体现,是人才培养机制中不可或缺的个人品质,是既需要学校关注,也需要企业重视的学习品质和工作精神。工匠精神是当下中职生应具备的个人品质,是与时代发展、国家建设紧密联系的教育理念。职业院校教师,既要重视对学生专业技能的培养,也要重视对学生职业素养的提升。因此,工匠精神渗透成为职业学校内涵式改革的重要方面。首先,做好宣传工作,引导学生了解工匠精神的社会价值;其次,培育学生的工匠精神,实现职业教育理想;再者,重视学生技能与德育的并修,培养更多技能、品质"双赢"的全面型人才,为职业教育的稳步发展、国家经济的稳步提升奠定坚实基础。

(一)做好宣传工作,了解工匠精神

学校应该做好前期宣传工作,引导学生深入了解工匠精神。具体策略:着力营造良好环境氛围,认识工匠精神的社会价值;创新培育模式,强化学生技能素养;优化课程设置,开辟培育途径,让工匠精神的种子在学生心中落地生根。

1. 营造环境氛围,认识社会价值

当前,国内制造业发展及社会对技能型人才的大量需求,推动了职业教育蓬勃发展。为了培养一批高质量职业人才,职业院校必须重视营造校园文化氛围,以此引导学生充分认识到工匠精神的社会价值,并将这种精神内涵充分落实到具体工作中。学校工匠精神学习氛围的营造,需要大环境下的文化滋养,也需要学生个体的自我意志磨炼,更需要教师悉心引领和慧眼识才，才能让一批技能高超、品格高尚的职业人才脱颖而出。这样，不仅可以让学生认识到工匠精神在社会生活中的价值所在，而且能够激励他们通过各种方式和渠道主动提高自己的职业素养。

比如，学校可以组织学生开展"我是未来职业能手"演讲比赛，营造浓郁的环境氛围，在活动中引导学生充分认识工匠精神的意义；教师可以借助思政课平台，依托"互联网+"搜集一些典型案例，引导学生进一步认识成功人士身上所具备的工匠精神；教师应鼓励学生积极参加学校或者校外组织的技能大赛，在实践中体会并认识工匠精神的社会价值。这样可以加强学生对工匠精神的了解深度；让学生充分认识到工匠精神的深远意义，激励学生主动练技能、强素养。

2. 创新培育模式，提高职业技能

营造良好环境氛围，为学生进一步理解工匠精神的意义奠定了基础。同时，工匠精神的内涵也需要通过实践活动才能内化为学生的个人品质。因此，教师应更新教育理念，采取校企结合的培育模式，为学生提供真实的实践平台。实际操作过程中，优秀企业文化熏陶，可以让学生更直观体会到从业者精益求精的工匠精神。这样，学生的职业技能得以提高，工匠精神得到渗透。同时，学生也会在后续的学习中，不断提高自身的职业素养，为将来的职业生涯发展奠定基础，为适应社会需求做足准备，成为制造业长远发展的生力军。首先，学校应密切联系对口企业，制订技能实训计划，实施"校企联手青蓝工程"帮扶实训活动，提高学生职业技能。其次，教师应鼓励学生积极主动投入实训活动中，勤思考、多请教、善创新，积累丰富的实操经验。再者，在实践过程中，教师应引导学生既要重视专业技能的掌握，还要重视对企业文化理念的领悟。这样，才能真正将敬业、专注、创新、精益求精等工匠精神内化于心，外化于行，在强化技能水平的同时提升职业素养。

3. 优化课程设置，开辟培育途径

中职生工匠精神培育，需要营造良好的环境氛围，引导学生充分认识工匠精神的社会价值，做好培育学生工匠精神的宣传工作。学生认识了工匠精神的价值，应通过一定的途径渗透到学生心中，才能真正发挥作用。因此,职业院校应重视专业课程设置,优化课堂教学模式,让工匠精神通过课堂教学,潜移默化地渗透到学生心中,并内化为个人的良好品质。比如,职业院校可以根据本校的实际情况,鼓励教师开发有特色、专业性较强的校本教材,丰富并补充原有的专业内容。同时,这些校本教材除了凸显专业特点之外,还应充分将工匠精神融入教学内容、教学目标中,通过课堂教学渗透到学生的内心世界,并外化为职业素养。职业技能的学习不同于纯文化课学习,因此在课程设置方面,应增加实训课程在教学中所占比例,才能在实际操作中培养学生的工匠精神。

(二)培育工匠精神,实现教育理想

随着社会发展,工匠精神的内涵得以拓展和丰富,比如尚巧、求精、崇德、执着、严谨、耐心、敬业、淡泊名利等。因此,我们应在传统文化中传承工匠精神,在课堂教学中渗透工匠精神,在竞赛活动中磨炼工匠精神,进而实现职业教育的美好愿望。

1. 在传统文化中传承工匠精神

工匠精神渗透,需要在传统文化传承中构建价值体系。我国传统文化中蕴含着诸多有关"工匠精神"的内容,比如:蔡伦、鲁班等能工巧匠"术到极致、几近于道"的工匠精神,使得这些优秀工匠在产品制造过程中,常常将"修身正己""经世致用"等文化素养作为自己为人处世的最高标准。因此,教师应重视"树匠心、育匠人",重视弘扬传统文化,以此涵养学生的工匠精神。学校应该重视通过弘扬传统文化来传承工匠精神。比如:开展传统文化专题讲座活动,间接传承工匠精神;鼓励学生自主组建传统艺术社团、建设传统文化艺术长廊、开展"国学经典"诵读活动等。通过开展以上活动,在文化艺术的熏陶下,学生的视野得到扩展、心灵得到净化、精神得到丰富,从而真正了解工匠精神的内涵,并以此指导自己的言行。因此,工匠精神的传承,传统文化这个渠道不可或缺,它帮助学生认识到:良好职业素养对于个体成长和社会发展都具有重要意义。

2. 在课堂教学中培育工匠精神

课堂是学校育人的主阵地。在职业院校,教师将工匠精神渗透到专业课教学中,不仅是一种教学模式的改进,更是一种教学理念的创新。工匠精神的渗透,使得整个教学过程不再是单一的技能传授,而是具有一定的价值性、人文性和思想性。在学习过程中,学生不仅掌握了专业技能,而且感受到了学习的价值、生活的意义,精益求精地完成学习任务,实现了职业素养提升,形成了服务社会的正向价值观。

首先,学校应借助思政课平台传播渗透工匠精神,拓宽学生视野,转变学生思维方式,帮助学生主动投入技能学习训练中。其次,在课堂教学中,通过展示师生创新作品、社团活动成果、技能大赛影像等资料,以鲜活案例、新颖作品培育学生工匠精神。最后,积极搭建各种平台,邀请优秀企业专家、行业名师、优秀校友等成功人士走进课堂,让他们用自己的亲身经历来引领学生、启发学生、感染学生并影响学生。这样,课堂内容丰富了,课堂形式新颖了,工匠精神自然会悄然"潜入"学生心中。

3. 在竞赛活动中磨炼工匠精神

工匠精神在中职教育中的渗透,离不开传统文化渠道,也离不开课堂教学主阵地,更离不开竞赛活动平台。因此,职业院校应该将学生的技能竞赛活动作为常态化活动,提高学生的专业技能与职业素养。学校通过开展各类专业性技能大赛活动,真正实现师生"教与学"的同步提升。同时,通过活动的组织和开展,引导学生在参与过程中进一步理解并磨炼工匠精神,提高自我职业素养,适应就业需求和社会发展。

学校应根据所开设专业课的特点开展丰富的竞赛活动,比如:护理班开展"常规护理"技能大赛、汽修班进行"汽车维修"比赛、乘务专业开展业务基本功比赛等活动。开展这些竞赛活动,学校不仅应配备专业老师予以指导,还要给予活动经费方面的大力支持,同时还要提供必要的竞赛场所,助力竞赛活动顺利开展。由于比赛必须在实践活动中进行,所以需要学生既要熟悉本专业的理论知识,也要具备实践的勇气和能力。这样学生才能深入理解工匠精神、磨炼工匠精神,成为学生自我提升、全面成长的重要动力。

（三）技能德育并修，培养全面人才

培育中职生工匠精神，职业院校责无旁贷，培养大国优秀工匠，职业院校大有可为。职业院校教师应该"树匠心、育匠人"，要关注中职生思想教育，全面渗透家国情怀；重视自我进取，锤炼过硬技能；弘扬工匠精神，提升职业素养，着力培养既具备精湛技能水平，又具备良好职业精神、健全人格、政治素养的职业接班人。

1. 关注思想教育，渗透家国情怀

中职生学习目的主要是掌握职业技能，思想方面的学习依然不能放松。因此，职业院校教师首先应做好学生的思想工作，促使其主动学习，提高学习效果，培养良好职业素养。比如：学校可以邀请一些企业界成功人士或专家学者开展"讲红色故事"专题报告会，让红色基因深入学生内心世界；组织并开展"重走长征路"研学旅行活动，让家国情怀构筑学生精神支柱；还可以通过各种形式的实践活动渗透工匠精神，促进学生全面发展。这样，使学生从中明白：通过学习掌握一技之长是自己的立身之本，但具备高尚的职业素养才是自己职业生涯的理想蓝图。

2. 改进育人方式，提高人才质量

职业院校应做好学生的思想工作，学生的学习有了方向、目标、动力，学生才能积极进取，主动掌握专业技能。学校应充分认识到：中职生最后的就业情况和从业质量是职业院校的"生命线"。因此，职业院校应主动创新，改进教育模式、管理方法及办学方向，才能促使学生重视自我进取，在实践中掌握过硬的职业技能；职业院校才能担当起培养高素质技能人才的重要使命。比如：学校应推进"青蓝工程学徒制""能工巧匠示范制"等育人方式，通过传、帮、带提高学生专业技能。同时，还可以依托学校科研平台、兴趣社团及职业技能大赛等载体，鼓励学生积极参与实践活动，增强职业教育实效性，增进学生对今后从业环境的了解，提高中职院校人才培育质量。

3. 渗透工匠精神,培育职业素养

职业院校育人目标,除了重视培养学生专业技能之外,还要重视对学生进行工匠精神的渗透。包括培养学生的职业态度、坚持精神及劳动品质,有利于拓宽学生的就业渠道,增强学生从业信心,提高其职业生涯的幸福指数。因此,学校教师应积极搭建平台,通过各类活动的开展,促进工匠精神在学生心中的渗透。比如:开展"我是职业能手"演讲比赛、"慧眼识英才"个人成长报告会、"我骄傲我是中职生"辩论会等活动,通过学生自身体验和同伴示范,深刻感受工匠精神内涵,从而萌生作为中职生的自豪感。因此,在中职教育中渗透工匠精神,是提高学生技能水平的需要,也是提升其职业素养的需要;有利于学生技能、品质同步提升,有利于全面型职业技能人才的培养,有利于职业教育的发展。国家建设、经济发展、综合国力提升需要大批高质量的技能型人才,而职业院校则是近距离为社会输送技能型人才的重要基地。因此,职业院校应重视在传统文化中传承工匠精神,在课堂教学中渗透工匠精神,在实践活动中磨炼工匠精神,以此帮助提升职业教育质量,促使其为社会发展做出新的贡献。

三、工匠精神培养与中职思政教育的有机融合

近几年,随着思政教育实践的不断深化,许多中职院校的思政教育水平得到了很大的提高。要想促进工匠精神培养与中职思政教育的有效融合,教师需要立足于长期发展视角做好规划,不仅要对存在的问题提出有效的解决办法,而且要使工匠精神培养成为新时期教学的必然途径。

(一)工匠精神培养与中职思政教育有机融合的重要性

1. 促进中职院校改革发展

中职教学改革的主要目的是面向全社会培养复合型、技能型、实践

型的人才，在日常教学中尽量使文化理论教学和工匠教育有效融合。中职院校要想进行教学变革和实践探索，必须注重工匠精神的培育，这样可以在中职院校传承、弘扬工匠精神，加快实现中职院校改革发展的总体目标，推动经济社会高质量发展。

2. 促进中职院校思政教育改革

在现实生活中，由于部分中职院校思政教学形式存在单一化、机械化问题，导致思政教学质量和效率不理想，部分学生不具备良好的职业素养和思想品德。中职院校在开展思政教学的过程中，要明确工匠精神的意义，使其与当下社会市场经济发展的规律相符合。因此，中职院校进行思政教学要从工匠精神入手，将思政教育与学生的日常生活密切融合，进一步提升学生的职业素质，提高教学效率。

3. 促进中职教育人才效益提升

中职院校在培养人才中应着力培育技术型人才，使其具备良好的创新能力、良好的技能素质、精湛的技艺水准，这与工匠精神的含义是相符的。将工匠精神培育和中职院校思想政治教学有效融合，能够利用工匠精神潜移默化地对学习者形成思想熏陶，让中职院校所培育的人才适应社会发展，以便于在开展中职院校思想政治教学中进行有针对性的培训，满足社会的发展需要，从而提高中职院校的人才培养价值。

4. 培养学生正确的价值观

培养学生正确的价值观是教育的一项职责，接受过教育的学生拥有正确的价值观，对国家社会的建设与发展具有重要的促进作用。中职院校在思政教育中融入工匠精神，有助于培育学生的爱国精神、职业精神、诚信品格和亲和力，能让学生在工匠精神的指引下做好专业工作，树立爱国、敬业、踏实、勤劳、执着的科学人生观。

5. 促进国家和社会的发展

如今，我国经济社会迅速发展，社会各领域发生了较大的变化，亟须更多高水平的人才加入。对此,教育事业必须跟上时代发展的步伐,适时革新培养技术人才的教学方法和课程理念,以满足国家和社会发展对人才的需求。将工匠精神融入思政教育中,是培育学生成为优秀人才的有效举措。

(二)工匠精神培养与中职思政教育有机融合的路径

1. 正确认知工匠精神

在中职思政教育中,应明确工匠精神对学生未来发展的重要性,帮助学生正确理解工匠精神的重要性,并向学生传达工匠精神对社会各领域人才的要求。这有助于学生理解工匠精神,将工匠精神融入自己的思想意识中,在工匠精神的指引下学习专业知识,提高实践技能。良好的职业道德能够促使学生在完成工作目标的同时,推动所属行业迅速发展。在思政教育中,教师应从引进一线工作中体现的工匠精神出发,通过多媒体视频向学生展示优秀人才在行业前沿创造的价值,激发学生的成功欲和学习欲,引导学生以视频中的优秀人才为发展目标,不断提升自己的专业技能和职业素质,为自己的成功打下坚实的基础。

2. 促进教师职能转变

对于中职思政教育工作,教师不能片面对待,应把所有影响因素整体归纳起来,从多个角度探索达到思政教育预期效果的有效路径,尽可能规避以往教学过程中产生的问题,使中职思政教育能够有效落实,达到育人效果。教师必须认识到,工匠精神的融入可以有效促进思政教育的进步和发展,在其他专业教育中同样能够发挥重要作用。将思政教育和工匠精神培养结合时,教师在深入分析的过程中必须考虑具体手段和方法的实际应用效果,改变传统教学方法中以自身为教学主体的思想,尊重学生的主体地位,使自身转变成为教学的引导者和服务者,引导学生养成并践行工匠精神,为学生形成工匠精神提供服务。

3. 加强个性化融合

个性化融合是工匠精神培育采取的手段,能够取得较好的效果。但从中职院校工匠精神培养现状来看,部分学校未重视工匠精神个性化融合的内涵。再加上教学统一标准不完善,导致部分学生在接受思政教育的过程中,并不能有效理解工匠精神,难以在工匠精神的支持下发展专业技能,而是过度依靠工匠精神的训练。事实上这二者之间有许多共同之处,只有一些教育者能够细心地加以运用,使许多疑难问题迎刃而解。在将思政文化和工匠精神进行整合的过程中,必须采取适当的个性化手段加以解决。为了在人才培养中可以更上一层楼,应当在思政教育和企业家文化有机结合的情况下,认识到目前与未来的市场发展趋势和行业发展走向,使学生在生产实操活动中得到更多的工作经验,在未来面临问题和机会的环境中,也可以抓住机会,获得工作机遇。

4. 丰富思政教育内涵

工匠精神教育和中职思政教育的有效融合,必须进一步发掘工匠精神教育资源,使中职思政教育的内容越来越丰富。第一,进一步发掘工匠精神教育资源。教师首先要从我国古代发掘工匠精神教学资源,如我国土木工匠始祖鲁班表现出来的工匠精神。第二,在当前社会中发现工匠精神教学资源。新时期,各行各业都涌现出了具有工匠精神的人才,如各行各业的"劳模",教师将其引入思政教育,可以增强思政教育的时代感。第三,在校园中挖掘工匠精神教育资源。在中职院校的多年建设中,已经培养出一大批具有工匠精神的人才,必须合理使用这些鲜活的人才案例丰富思政教育内涵。

5. 丰富工匠精神培养载体

新时期,必须进一步丰富工匠精神培养载体,充分推进工匠精神培育与中职思政教育的高效结合。比如,中职院校教师可通过校园文化建设活动,将工匠精神视为校园文化的重要内容之一,以此借助学校文化建设影响力与宣传力度,进一步提升学校思政教育的效果。教师也可结

第五章 三全育人背景下的中职生劳动教育

合中高级职称评定环节及校内各类专业技能竞赛,自觉将工匠精神培养与思政教育有机融合,优化教学手段,以使学生接受工匠精神的熏陶。

6. 发挥课堂阵地作用

中职院校要根据工匠精神培养与中职思政教育有效结合的要求,积极推进工匠精神培养走进课堂,充分发挥课堂教学功能。首先,将工匠精神融入思政课程,通过思政课程为学生开展工匠精神培训,使他们深刻认识到工匠精神的意义。其次,将工匠精神和课程思政有机融合,使工匠精神培养常态化,进一步提升工匠精神培养效果。

7. 强化思政教育体验

工匠精神与中职思政教育的有效结合要改变传统说教的方式,通过多样化的活动,加强学生对思政教育的感受,以使其潜移默化地接受思想熏陶。比如,结合学生实践,举办最美"匠人"评选活动,通过学生的顶岗行为,评价学生表现出的工匠精神。通过比赛教学活动,把工匠精神培养与学生岗位实践有机融合,使学生在工作实践中进一步认识工匠精神的丰富内容。

8. 不断丰富和改革教学课堂

在教学过程中,教师要尽量避免教授太多学术性的内容,要不断创造与变革,把理论知识与实践相结合,在确保学生学会理论知识的前提下,尽可能提高实践性教学的比重。这不但可以让学生在实践性教学中明确工匠精神的重要性,还能让学生真正践行工匠精神。除此之外,中职院校要加强对教育教学设备的投入,使教师创新思政教育活动拥有技术支持,使课堂教学变得更加充实与生动有趣。在教学过程中,教师要加强与学生的沟通,形成良好的师生关系,确保每位学生都能积极参与课堂学习。强化中职思政教育,健全学科与教育结构,合理渗透传统工匠精神,营造良好的教学环境与教育气氛,才能培育更多优秀的具有职业精神意识与思想观念的技术型人才,有效推动中职教育发展,持续提升中职教育教学水平。此外,通过进一步发扬和继承工匠精神,积极培养具备现代工匠精神的职业技术型人才,为我国国民经济和经济社会发展提供人才支撑。

第四节　中职生劳动教育的践行

一、中职生劳动教育实践的现实困境及应对策略

习近平总书记多次礼赞劳动创造,讴歌劳动楷模,勉励广大劳动者勤于创造、勇于奋斗,人生在勤,勤则不匮,美好、幸福的生活由劳动创造。2020年中共中央、国务院印发《关于全面加强大中小学劳动教育的意见》,对加强大中小学劳动教育进行了全面部署,劳动教育的培养进入一个新的发展阶段。中职教育在人才培养上要更突出学生的实践能力、动手能力、应用能力。因此,应用型中职对劳动教育方针贯彻和实践显得尤为重要。在我国的教育方针中,提倡培养德、智、体、美、劳全面发展的社会主义建设者和接班人。但是,在教育实践中,劳动教育往往处在边缘化的位置。为此,本部分主要研究劳动教育在开展中的不足,提出相应的解决措施。

（一）劳动教育在中职中实践的不足之处

1. 劳动育人的氛围相对欠缺

在校园精神文化环境方面,普遍存在班级文化、宿舍文化、校园文化,学生文体活动和社团实践等方面同劳动教育融合不够的问题。究其原因,科学的劳动价值观尚未形成。如"劳心者治人,劳力者治于人""学而优则仕"这些世俗观念在教师和学生群体中有一定影响力。同时,劳动不仅具有生产性与创造性,而且繁重的劳动也会耗费大量的精力和体力,给劳动者带来劳累、疲惫、辛苦乃至痛苦等消极感受,这种消极也会导致学生对劳动教育和劳动一定程度的排斥。当下享乐主义、消费主义等思潮流行,物质消费、服务消费便利,驱使现代人选择用消费

第五章 三全育人背景下的中职生劳动教育

代替自己劳动,影响一部分中职生的价值观,使得学生的成长环境中充斥着忽视劳动创造、投机取巧、急功近利、鄙视体力劳动和避免辛苦劳累的人生追求。教师和学生在一定程度上都存在逃避劳动付出,想从事更轻松的职业等思想。在这种思想的影响下,从教育者到受教育者从根本上没有扭转对劳动的看法,劳动教育的校园文化氛围建设比较欠缺。

2. 劳动教育的课程设计缺乏体系

第一,劳动教育课程不完善。开设劳动教育课程的学校,劳动教育的教学内容纷繁杂乱、教学目标、教学手段、培养方案不成熟,且教师多为兼职教师,没有时间和精力精心备课、缺乏系统的知识储备,容易对劳动教育简单理解,认为劳动教育就是劳动课、课外实践活动、社会实践活动,忽视对学生的劳动观念、劳动价值取向、劳动精神的培养,第二,劳动教育被边缘化,在现有的课程体系中鲜有学校为劳动教育课分配学分,教师在绩效考核和职称评定上不占优势,导致师生在一定程度上都轻视劳动教育课程。第三,多数学校选择发挥思政课程和课程思政的劳动育人功能,这并非不可,但是在思政课程和课程思政开展中,存在学生管理部门、专业课教师、思政课教师等各说各话的问题,没有形成统一合力。这在某种程度上浪费了教育资源,消解了劳动教育效果,与课程思政的理念也背道而驰。要本着"以生为本"的理念,认真开设劳动教育课程,深入挖掘专业课和思政课中的劳动教育元素,用专业技能让中职生"能劳动""会劳动",加强专业和职业劳动的技能学习,培养积极向上、吃苦耐劳的劳动精神。

3. 实践层面的劳动教育体系尚未建立

劳动具有鲜明的社会实践性,劳动教育的价值在于使学生通过实践将学习的知识和实践相融合,在实践中提升专业素养。但是,目前中职学校的劳动教育还存在实践形式单一的问题,学生对劳动教育实践体验性差。许多学校考虑到时间成本和学生安全,不愿意安排学生参加田间地头和工厂社区的劳动实践;校园实践活动也是以校园卫生大扫除多见,校内没有丰富的劳动实践活动,校外缺乏长效的劳动实践平台。学校对学生的劳动教育培养缺乏组织性、长期性和计划性,使丰富多彩的劳动实践活动未能全方位开展起来。

(二)中职培养劳动教育的实践路径

在当前,中职劳动教育存在着劳动价值观培养不明晰、劳动教育育人氛围欠缺、劳动教育的课程教育效果不佳、实践层面的劳动教育体系不完善等问题。为此,我们以培养正确的劳动价值观为前提,为发挥"课程育人、环境育人、实践育人"的作用提出以下五点措施。

1. 坚持正确的劳动价值观

首先,承认劳动的创造性,劳动是创造一切价值的源泉,肯定劳动的价值和地位。其次,正确认识劳动在人性塑造和个人品质提升上的价值,要引导中职生树立正确的价值追求,提高精神境界。最后,能恰当解释大数据、云计算等新兴技术的创造价值,其背后蕴含的人的劳动和时间付出,让学生明白劳动教育绝不简单是体力劳动,推动学校教育与劳动深度结合,教、劳结合相辅相成、相得益彰,做到"以劳增智,以劳树德,以劳强体,以劳育美"的辩证统一。

2. 构建劳动教育的一体化课程体系

针对教育实践与劳动教育相疏离的问题,我们不仅要在思想政治理论课中培养学生的劳动价值观,更应该在专业课、实训课等一系列课程设计中体现劳动教育的要素。在思政课中,教师要认真学习劳动教育的实质和内涵,唯有如此才能更好地将劳动教育融入课程中。首先,在准确理解劳动教育内涵的前提下,精准地找到劳动教育和本门课程的切入点,如思想道德与法治课,以人生观价值观教育、职业道德教育为切入点,融入劳动教育,教育学生树立正确的劳动价值观,可以通过对工匠精神、劳模精神的弘扬,教育中职生树立正确的劳动观、提升劳动素养。身教重于言教,教育本身也是一种劳动形式,教师把教学内容做扎实,做好、做优教学工作,有助于提升教学效果的同时,本身也是对学生劳动精神的一种感召力。

第五章　三全育人背景下的中职生劳动教育

专业课教师和实训老师、实验员，应当重视劳动教育这一项教学任务，重视对学生技能训练、应用能力的提升。通过探索不同的教育方式，适应当代对劳动教育的要求。劳动教育方式不能是简单的体能性或者技能性活动，而是在技术性、体验性、创新性劳动体验和实践活动中培养学生正确的劳动观、劳动精神和劳动品质。让学生在体验式学习、设计制作、探究实验、项目式学习等教学方式中，体验时间和精力付出、智力和脑力付出之后带来的劳动成果，在学中做，在做中学。

3. 深耕劳动教育的育人环境

环境具有重要的教育意义，我们要重视物质环境和精神环境对劳动教育的影响。在校园的餐厅、广场等设立劳动模范、学生中劳动先进个人事迹等宣传栏，做好基础的劳动教育宣传；学生社会团、学生会、班级等探索一些与劳动相关的校园文化活动，打造集校园文化、院系文化、班级文化、宿舍文化等于一体的精神文化环境，将劳动教育有机地融入中职的校园环境、文化环境中，潜移默化地发生作用。要在学校的环境中种下劳动教育的"因子"，保证劳动教育扎根固本、健康发展。

二、中职生劳动教育践行渠道分析

（一）以美育助力中职劳动教育课程开展

在教育背景下，素质教育成为培养优秀人才的重要方式。当前，我国中职劳动教育存在的短板和美育存在的不足影响学生正确价值观的形成。劳动教育能够提升学生的学习水平，美育着重提高学生的审美水平，二者结合，便是"德、智、体、美、劳"的具体表现，与党的教育方针吻合。因此，中职将美育渗透到各类课程中，以提高学生的审美水平，塑造学生"劳动最光荣"的价值观，为构建中职生应具有的审美与劳动教育之间的新关系提供了新的思路，对学生的美育熏陶具有重要作用。

1. 劳动与美育的关系

（1）劳动是美育的重要途径

劳动的形式多样,平常的家务劳动和一些小手艺制作等可以美化人们的生活,参加手工劳动和志愿性的教育活动也可以美化周边环境。劳动创造美,是一个净化身心的过程,而美的内容又能反作用于劳动的参与者,使之精神愉悦。

（2）劳动使人们获得审美感受

劳动能够帮助人们掌握一定的生活技巧,使劳动效率明显提高,使人们的物质需求得到满足。与此同时,劳动有助于陶冶人们的情操,培养人们对美的感受力和鉴赏力。

2. 中职劳动教育中的美育渗透方式

（1）完善课程体系

将美育与劳动教育相融合,使学生在劳动的过程中既体验到美,也感受到美,可以调动学生参加劳动的积极性,从而提高学生的创新能力,形成以美促劳、以劳促美的良性循环。结合这一思路,在构建劳动教育课程时,要注重学生在劳动过程中对美的认知。首先,建立系统、健全、专业的劳动教育课程。其次,通过劳动实践教学,引导学生在对劳动成果的追求中达到目的,同时感受到过程的美感,有利于学生对自己形成严格的标准要求。

（2）优化实践体系

中职要重视学生的公益劳动、见习实训和志愿服务等,通过创造美育的方式,实现美育与劳动教育的和谐共进。当前,部分中职学生的劳动态度不端正,存在懒惰、不劳而获的思想。对此,中职应引导学生了解劳动的各种形式及其创造的价值,让学生领悟劳动中蕴含的美的内涵,如体力劳动的力量美、创造性劳动的能力美等。尤其是在当前的信息化社会,由人工智能产生的劳动美育过程是高度整合的、开放式的,通过虚拟现实的方式,充分激活学生的视觉、听觉、触觉,使学生能够在虚拟构建的环境中进行模拟的劳动实践,真切体验到人类劳动的形式美及价值美感。

(3)营造良好的课堂氛围

美感具有亲历性,要想提高审美、感受到美,就要主动体验。在具体的教学中,教师要为学生创设一个轻松、和谐的课堂氛围,建立平等、民主的师生关系,发挥学生的主体作用,让学生产生浓厚的学习兴趣,有利于学生的个性发展和创造力的培养。

(4)通过手工劳动实现美育渗透

手工劳动是培养学生动手能力、提升学生劳动技艺水平的有效方法,如插花、折纸等。因为劳动是创造美的过程,学生运用自己的双手进行创作,能给学生带来劳动的成功感;学生按照自身爱好、构思创作的手工艺品,能让学生体验到劳动的乐趣,切身感受到劳动带来的美的体验。劳动教学生动有趣,学生的学习兴趣和学习积极性能被有效激发;一旦学生对劳动教学产生了浓厚的兴趣,便会极大地提高其自信心,由消极劳动转为积极劳动,劳动教学由此达成教学目标。

(5)运用多种方法丰富教学活动

中职教师应采用多样的教学方法,丰富教学活动。第一,讲解法。作为传统的教学方式,讲解法要求教师通过简要生动的语言向学生传授美育知识和技能,利用讲述、讲解和讲演的方法,突出教学内容的重点和难点。第二,讨论法。美育教学需要循序渐进,学生对美的感受是逐步递增的,从感受到理解,需要学生进行审美判断、再创造。讨论法是通过讲解审美知识或欣赏技巧的方式,让学生畅所欲言地表达观点。比如,为学生播放与社会公益活动相关的纪录片,让学生自由探讨参加社会公益活动的意义,从中感受到美,学生各抒己见、畅所欲言,在不同的观点中逐渐拓展自己的审美方向。

(6)充分利用社会资源

中职要想将美育和劳动教育相结合,就应该走出校园,到社会中进行实践,在社会劳动中融入美育元素,使学生直接感受劳动对美的创造。比如,学生参与博物馆志愿者服务活动,通过对博物馆文物的讲解,学生获得劳动体验的同时也能感受到中华优秀传统文化的美;通过参加社区环境美化服务活动,学生能够融入日常社区环境维护工作,感受劳动成果的来之不易。除此之外,中职要充分发挥学生社团、义工团队、教学基地的作用,发挥资源优势,组织开展美育劳动教育活动,如敬老院爱心服务、孤儿院读书会等活动,让学生感受到自己作为社会主体应具有的社会责任感,树立良好的价值观,通过多种形式进一步理解劳动美育的内涵。

综上所述,劳动的内涵会随着时代的变化而变化,但劳动教育始终能够帮助学生树立正确的价值观。与此同时,中华优秀传统文化可以通过劳动实现继承和发扬。因此,"德、智、体、美、劳"五育结合,构建中职五育一体的教学体系极为重要。为了推动和落实劳动教育,中职要针对现存问题提出改善措施,通过完善课程体系、健全劳动教育管理与评价机制等方式培养高素质的人才。

(二)中职思政教学和劳动教育融合育人

劳动教育主要包括各类日常生活劳动、生产与服务性劳动中的知识、技能与价值观。劳动教学既是学校培育并成就全面发展型人才的需要,也是有效克服思政教学弊端的根本方法和有效途径。勤劳意识使孩子们形成了良好的劳动观念和劳动态度,培养了劳动能力和良好的生产观念,从而热爱劳动,并形成劳动行为。而勤劳意识则不仅停留在掌握生产知识上,还以培养学生个性、发展学生人格、养成价值观念为主旨,这既是"立德"的内容,更是"立德"的基本手法。只有将劳动教育正确融入思政课程,才能让各大中职学校培养全面发展型人才。中职院校通过开展劳动型思想教育及实践教学、社会志愿服务项目、社区实践项目和各种劳动教育,使中职生懂得创造劳动美,享受劳动美。所以,在学校里合理进行劳动教学不但关乎培养青少年学生健康的体魄,更使学生的思维方式有所转变,充实、完善学生的精神生活,培养学生的职业道德和审美情操,从而养成正确的人生观、价值观。

1. 中职思政教育与劳动教育的联系

实践课程和劳动教学的有机整合与融会贯通,是培养我国特色社会主义事业建设者和接班人,推动其成长与发展的必然需要和途径。

劳动教育与思政教育融合,不仅从培养中职生良好劳动意识及劳动能力等角度强化中职生专业素质及文化素养,同时,也对教师教学工作的开展及中职教育改革工作的推进产生潜移默化的影响。在思政教育课的教学活动中,进一步完善劳动教育的主体思想、培养学生的马克思主义劳动观念,在社会实践教学活动中正确引导学生的马克思主义劳动

第五章 三全育人背景下的中职生劳动教育

价值观念,不但可以丰富和拓宽思政教育课实践性教育的渠道、提高实践性教育的有效性,而且还可以将马克思主义劳动的重要意义和劳动教育的积极作用最大化。

2. 中职思政教育与劳动教育融合育人的基本维度

(1)理解劳动的教育意义

青年兴则祖国兴,青年强则祖国强。培育中职生的劳动精神意义重大。劳动精神能够启发他们根据实际,了解社会,探求真理,并不断完善自己。中职生不仅要掌握科学知识,而且还必须参加社会实践,物质生产实践是人们最基本的社会实践,而劳动教育也是实践的主要手段,通过劳动教育,可以进一步地认识社会、了解环境,在劳动的实际中可以认识并探求真理,也能够透过劳动看到自己的缺点,进而不断地努力去提升自己;通过劳动品格教育,也能够帮助中职生培养朴实、勤劳、认真的劳动品格,让其在劳动过程实际中逐渐长大、成才。

劳动教育能够指引人们良好的幸福观和择业观。劳动是一切快乐的动力。只有正确理解了劳动精神,才能真正理解人生中所有美好的东西唯有经过劳动方可实现,勤劳是人生成功出彩的关键,也是创造美好生活的必要条件。

进行劳动教育,除了培养劳动精神外,还能引领中职生努力奋斗,使他们真正了解"空谈误国、实干兴邦"的道理,明白唯有切实做到知行合一方可实现生命的真正意义,从而寻找到生命的快乐。引导他们秉持肯学肯做肯钻研的精神,着眼于职业发展成才,在劳动中认识更广阔的世界,在劳动中实现人生价值,从而形成科学的择业观。

(2)树立正确的劳动观念

当前"学而不用、学而无用"问题非常严峻,许多毕业生所选择学校,都没有自己真正的爱好,学习单纯地为了毕业证、为了谋取体面的工作,已经进入了教育误区,也导致了教育和资金的巨大损失。不少中职生崇尚养尊处优的生活方式,而拒绝进行生产实践活动,既培养不到动手动脑克服困难的能力,也培养不了吃苦耐劳的敬业精神,长此以往,劳动人才的缺乏必然造成工业经济崩溃的混乱局面,结果将难以想象。虽然看上去是个人的小事情,但潜藏很大的风险,不可不重视。教学是传承文明的最好手段,要让劳动教育的理论根植于中职生头脑中,让他们在进行勤劳技术经验继承的时候,活学活用,凭借聪明智慧实现技术创新。唯有激活年轻人不竭的创业力量,才能有效带动中国经济社会不断进步,让个人生活品质持续改善,经济社会永久发展与壮大。人类文明既需要代代相传,也需要推陈出新,缺少传统就无法延续,缺少了劳动,这一切也就戛然而止。继承有着重要的社会现实意义,而创新更是关乎社会未来进步的大事。唯有从勤劳中才能培育出高雅的精神,并了解到必要的劳动知识,将之运用于正迫切需要它的社会实际,从而在激烈的社会竞争中,提高自己,实现人生的价值。

（3）培养良好的劳动习惯

尊重劳动不忘本。"饮水思源,缘木思本。"勤奋是中华民族的优良品德,中华民族历来注重对勤奋品德的培养,并将其看作是修身、齐家和治国的途径。对于中华民族优良的传统美德,中国人一向崇尚从娃娃抓起,但好像在人生历练过程中便逐渐磨灭了对于劳动美德的传承与发扬。正是劳动,才有了中国现代社会的安全治国方针,才有了现代社会文明秩序的发展;正是劳动,创造了悠久灿烂的中华文明,创造了中国的发展奇迹。参与劳动不忘恩。"一粥一饭,当思来之不易。"如果父母只知道付出,却没有很好地教育孩子,会为孩子的未来埋下隐患。特别是在家庭生活中,由于家庭环境优越或父母的溺爱,一些孩子认为父母的付出理所应当,不懂得理解和感恩。家长们要摒弃"保姆式"教育,培养孩子对家庭的责任意识,让孩子从简单的生活技能开始学起,增强孩子适应社会的能力和责任心。热爱劳动不忘责。"一室之不治,何以天下家国为?"幸福不会从天而降,梦想也不会自动成真。中职生要成长为堪当中华民族振兴使命的当代新人,必须从小事入手、从身边小事抓起,在劳动实践中感受劳动的辛苦、体验劳作的快乐、养成吃苦耐劳的意志,在劳动中丰富知识、丰厚阅历、锻炼品质,树立正确的劳动价值观。

3. 学校思政教学和劳动管理结合育人的实施途径

（1）促进劳动教育培训与思政教学协调开展

思政建设工作要根据"德"的培养、"育"的方式,促进思政教学和劳动德育课程协调发展、双向融通。从劳动教学的角度深刻认识现代思想哲学基本规律和马克思主义思想实质,帮助学生形成正确人生价值理

第五章　三全育人背景下的中职生劳动教育

念；从思政育人的高度认识劳动的社会价值，启发学员热爱劳动、尊重劳动、乐于劳动的内在动机，从而达到"德技并修"的培养目标。

首先，要想让中职生明确劳动教育在思政教育中的重要性，就要从中职老师抓起，明白劳动教育对中职生身心健康及德智体美劳全面发展的意义，普及中职生参与劳动教育的理论方法与实践。其次，在思政课上可以通过加强劳动教育的游戏活动来拉近老师与中职生的距离，让劳动教育课老师可以从观念的层次归纳凝练劳动的价值与作用。最后，根据中职生的发展要求和学校学院各个班级思政课设置逻辑，深度发掘劳动教育课堂的思政内涵，做到劳动教育课堂与思政课堂同向共行。

（2）开展沉浸型劳动文化的教育实践活动

中职院校可以通过举办沉浸式的劳动教学主题实践活动，立足各自学科专业特点，统筹进行学科专业素质提高、匠人精神培育与劳动教学的融合，不贪全、不贪大，始终以教学过程感受为引导，注重于"专""精"的学科专业素质与匠人精神感悟与培育，并以此创造沉浸式的劳动教学情景。

整合劳动教学与美术教学，以美的方式展开劳动教学更能够潜移默化地培养学生热爱劳动的价值理念。比如，根据中职学科特点举办了以劳动为主题的话剧展演、诗歌创作、"劳动者之歌"合唱比赛等主题活动，建立"劳动＋美术＋社会意义"的"劳动美术"沉浸式教学思政实践活动平台，利用美术特有的社会感染力涵养爱国主义情感、激活劳动热忱、内化人生价值理念，培育出一大批能"以劳动创造美""以美看待劳动"的优秀劳动者。

（3）促进劳动文化主题校园文化工作

校园文化是中职教师精神面貌、思考方法、价值取向以及行为规范的全面反映。中职发展劳动文化，应擅长运用校园的互动性好、通透性高、辐射面宽、影响力大的特点，围绕以劳动文化为核心的校园文化内涵，采取"纵向贯穿，侧向传播"结合的途径把劳动文化有机蕴含在各类主题活动当中。首先，紧密结合中职各年级主题教学，将劳动教学的主题氛围融通在学校成长时期的各个阶段，进一步强化同学们对劳动经验的理性认识与感性体会，在心理认识、情感感受、意志转化三个层次上树立起对劳动的积极面向。然后，紧密结合形式多样的学校活动进行劳动教育，把劳动教育中文化构建与工匠精神培育、社会主义学徒制建设、党史学习教育、思政家庭教育、挫折教育等的主体教学与课外活动有机融为一体,建立了科学的指标体系,进一步突出劳动教育对于活动进行的导向意义。其次,开展劳动代表性人物选树与推广工作,在奖学金评审、劳动标兵评比、先进党员评比等工作中加入对学生劳动实践能力的考核。同时重视培养学生的社会能动作用,号召学生积极参与学校校史、学风、校训等的研讨,并凝练富有学院自身特点的劳动教育体系,构成了高品质的劳动教育与文化,并浸润于学校价值观的养成。

综上所述,将劳动教育融入中职生思政教育是当务之急,也是现代教育有所欠缺的地方,正确认识劳动教育的意义,树立良好的劳动教育的观念,经常培养劳动教育相关的生活习惯,对于输注劳动教育思想具有重要的作用。对于中职教师来说,不能只抓思想不抓劳动,既要两手抓,又要全面拓展课程范围,要将劳动教育正确融入思政课程;对于中职生来说,不要只注重课本上的知识,学成"书呆子",变得越来越死板,极度缺乏动手能力,而是要全面发展自己,主动接纳劳动教育课程,积极参与其中,明白劳动教育对于中职生涯乃至人生的重要意义,端正思想态度,不辜负学校、社会对自己的期望,逐渐将自己打造成适应社会的全面发展型人才。劳动教育在思政教育中占据重要的一席之地,是中职培养全面型人才的基本路径和有效途径,注重中职劳动教育也是注重社会发展趋势的重要策略,可以使中职教育工作达到更高、更强的水平,从而培养适应社会发展的栋梁之材。

三、通过劳动教育提高中职生的综合素养

(一)劳动教育对中职生综合素养的作用

1. 劳动教育有助于培养高质量的技能技术人才

任何教育都以培养学生自由而又全面发展为理想追求,虽然实践层面可操作性往往受社会发展、就业状况等方面因素的制约,但在人才培养过程中仍然可以有所侧重。相比德育、智育和美育的滞后性与长期性,劳育的可操作性更高,见效更快。而且劳动教育本质上与职业教育所秉持的以技术和能力的培养为目标相契合。因此,加强劳动教育,基

第五章 三全育人背景下的中职生劳动教育

于社会生产和服务等岗位,加强劳动教育,有助于提高技能型和技术型人才的动手实践能力,这也是中职院校培养高质量人才的应有之义。

2. 劳动教育是学生综合素养的重要组成部分

无论是学校管理层还是教师或者学生都会更加看重就业。而与此同时,中职教育或者任何其他阶段的教育所蕴含、所表达的对于全人的培养受到很大程度的忽略。综合素养对于学生成长与发展的重要性不言而喻,而劳动素养是综合素养的基础。因为综合素养所涵盖的知识水平、技能、道德修养等都需要通过实践予以呈现,而劳动教育是与实践联系最为密切的。因此,中职院校通过劳动教育培养学生的动手实践能力,一方面有助于促进学生更好地就业,另一方面也有助于提升学生的综合素养。[①]

(二)中职院校劳动教育提升学生综合素养的路径

1. 基于社会需求,调整专业布局和方向

不同时期中职院校的专业设置与布局调适是这一时期时代精神的体现,特定时期的社会政治、经济体制和战略布局是影响中职院校改革的外部因素。所以,中职院校专业设置通常还会以社会需求为重要参考。比如,近些年引起大众热议的小龙虾专业,开设有小龙虾烹饪方向和市场营销的专业方向,培养相关技能人才。其背后映射的是社会需求对于职业院校专业设置的影响。与此同时,新兴专业(方向)的出现也给职业院校的学生带来了更多的实践劳动机会。因此,中职院校可以尝试根据社会行业发展需求和企业岗位要求,在大专业专门化方向之下,开设部分小专业方向,为学生劳动教育开辟新的道路。

---

① 陆怡青.高职院校劳动教育的内涵、特征及意义[J].产业与科技论坛,2021,20(21):93-94.

2. 树立劳动教育理念,革新职教体系

中职院校加强劳动教育改革,不是一味地强调培养学生的动手实践能力,而是应该大胆革新人才培养模式,着力推进劳动教育相关课程体系的研究与开发应用,使得劳动教育改革兼具理论支撑与实践方向,从而为中职院校培养复合型的技能人才提供保障。除此之外,还可以依托校际联盟、校企联合,以社会行业支持和兄弟院校合作为纽带,寻求职业教育资源共享、人才培养规格层次互补,同时依托校内的职教组织和协同创新中心等机构,探索多元化的劳动教育模式,不断打造新的职教体系。这既符合企业对于人才实践性和实用性的需求,也符合学院人才培养的职业性与时效性,是构建职业院校劳动教育体系的重要举措。

3. 加强校企合作,培养新时代劳动型人才

中职院校在劳动教育改革中离不开社会的支持,尤其是长期与中职院校有合作关系的企业单位,应在劳动教育改革中发挥关键作用。因为,从企业管理者的角度来讲,培养技能技术人才应是大学分内的事情,但这也仅是限于理论知识的培养方面,在技能技术培养过程中,中职院校还需要依靠企业的力量开展人才培养活动。具体可以通过开设校企合作项目、建立校企实训基地、成立实训工作室等手段,充分发挥校企合作的优势,在与企业合作的过程中积极探索一条劳动教育改革之路,同时培养新时代企业所需的劳动型人才。

第六章　三全育人背景下的中职生心理健康教育

中职生是人才预备队伍。就个体的发展来说,中职生是从青春期转向成年期的过程,这也决定了中职生活使个体逐渐成熟、更加独立。由于中职生的心理还并未成熟,还缺乏自我调控能力,加上需要适应变化的环境,因此在面对一些复杂的问题时,往往会出现矛盾心理,造成心理的不适与焦虑,甚至产生一些消极心理。

第一节　中职生心理健康教育简述

开展中职生心理健康教育,开设心理健康课,是促进中职生全面发展的主要途径,同时也有利于提升中职生的心理素质,中职心理健康教育过程中包含了多方面的心理问题,具体表现为学生学习压力、认知行为、情绪情感和人际交往等,对此,做好中职心理健康教育,除了有利于增强学生的心理健康理念之外,还能够帮助学生解决心理困扰,树立正确的价值观和人生观。

一、中职学校开展心理健康教育的必然性

当前阶段,中职学生学习的内容是以提升专业技能为主,大多数教师在教学期间过于重视专业课内容的指导,完全忽视了学生心理方面的辅导,造成了中职学生心理健康教育缺失现象。当教师教学期间没有认

识到心理健康教育作用的话,忽视心理健康教育,那么学生在学习过程中也无法拥有积极向上的心态。伴随着社会经济的发展,人们生活水平的提升,大部分学生承受着巨大的压力。相关研究表明,部分学生由于就业压力形成了相应的焦虑症状,一旦中职教师没有做好这部分学生的心理疏导,将直接影响学生的学习积极性,有的甚至还会放弃学业。这些情况说明心理健康教育对于学生心理环境建设有非常大的影响,开展心理健康教育,上好心理健康课,维护学生良好的学习环境意义非凡。

开展心理健康教育活动,除了有利于构建良好的学习环境之外,还可以强化学生的心理承受能力,让学生勇于面对社会方面的压力。在激发学生自身潜力的基础上秉承积极向上的态度,提升学习效率。第一,网络时代的创新和改进,互联网中包含的信息数量增多,学生在上网的时候可能会被有害信息吸引,大多数中职学生是未成年人,受到年龄因素的限制,心智不具备成熟性,而且中职学生的思维相对活跃,诸多学生处于叛逆期。所以,教师在教学过程中正确引导学生的心理健康极为关键。第二,中职学校课程安排比较紧张,学生所学习的课程具备较强的专业性,大多数学生觉得专业课的学习难度高,与此同时,中职学校的专业课程也有着连贯性的特征,当学生从某项课程中没有真正掌握教师讲授的知识点,将直接影响到下一课程的开展。通过了解学生实际情况可以看出,大多数学生因为在某项课堂中没有跟上教师的讲解步伐,导致后期学习中也无法理解教师所讲授的内容,在这一现状下,多数学生选择了放弃,不愿意主动参与到学习环节中,所以中职教师应当明确了解和掌握学生的心理状态,一旦发现学生在学习期间存在异常状态,必须及时询问原因,积极鼓励和关心学生,消除学生消极的心理状态,提升学生的抗压能力,确保学生遇到困难以后能够勇敢面对并积极寻找解决办法。

因此,中职学校开展心理健康教育势在必行,对于构建和谐的学习环境、提升学生的心理素质极为重要。

二、中职生心理健康特征体现

第一,具有归因偏颇,倾向于外归因的特征。结合实际情况来看,中职生一般是将学习成绩差的原因归咎于受到不可控制因素的影响以及内部稳定性缺失等一系列现象,此种现象被称为能力归因;把不成功的原因归结为外部因素的影响所致,归因偏差特征的体现将导致学生出现讨厌学习和低估自身的思想行为。

第二,自我效能感低的特征。由于学业成绩不理想、行为难以满足家长及老师更高的期望,这些学生对于自身的要求比较低,存在着较多的自我否定经历,因此导致中职学生在学习和人际交往以及师生关系调整和技能提升等方面产生了怀疑自我的现象。

第三,青春期学生的特征。中职学生的年龄为 15—18 岁之间,自我意识较强,在人际交往过程中,喜欢和同学、朋友进行交流,但是和父母、老师的交流比较少,而且中职学生课业压力比较小,学生精力无法释放,容易发生早恋或其他心理问题。

第二节 中职生常见心理问题与表现

一、中职生心理方面存在的问题以及形成原因

(一)学校压力造成的心理健康问题

中职生心理问题主要是由在校期间人际交往、动手创新等方面压力引发的。具体而言,一些中职生的综合素质较低,处理同学和师生之间关系的交流沟通能力有待提升,遇到事情不是特别冷静,没有找寻自身的原因,而是从他人那里寻找发泄的途径,心理过于偏激,经常产生挫折感,同时采取的处理方式不合理,导致心理问题越来越严重。

(二)社会压力造成的心理健康问题

中职生心理健康还受到社会因素的影响,如处于市场经济发展背景下,学生之间相互攀比,此种情况对处于世界观形成阶段的中职生来讲是一项不良的引导,身心往往受到伤害。

（三）家庭方面造成的心理健康问题

家庭压力是形成中职生心理健康问题的主要原因，整体上而言，部分存在心理健康问题的中职生大多家庭不和睦或者父母离异，因为家庭教育不到位，学生不爱和同学以及老师进行交流。面对于较小的心理障碍，可以通过自身的调整有效解决。

（四）人际交往障碍造成的不良心理问题

目前，大部分中职生为独生子女，本身有着鲜明的个性特征，一般以自我为中心，控制能力非常差，不具备良好的人际交往水平，来自不同区域、不同家庭的学生，无论是性格、兴趣还是生活习惯都有着明显的差别，有的学生并不善于交际，对他人的优点也没有认同，无法赞赏别人，不懂得怎样为人处世，同时也过于在意他人的缺点，从而引起了各种冲突，承载了一定的心理压力，遇到困难以后也不能正确对待，从而形成了焦虑不安和恐惧的心理。

（五）中职学生有着一定的敏感性

部分中职学生接受义务教育期间存在着各种程度的挫折经历，同时由于人们长时间以来对中职生存在偏见，中职生成了差生的代名词，学生心理压力较大，掌握的知识较少，学习能力差，没有养成良好的学习习惯，面对十分陌生的专业理论知识点和技能操作训练经常感到束手无策，自卑感非常强。

二、隔代教育背景下中职生的心理问题及成因

（一）隔代教育背景下中职生的心理问题

1. 习惯养成失败，学习缺乏目的性

隔代教育背景下，由于缺乏正确的教育理念与方式，学生错失了培

养良好学习习惯的时机,这使得一部分学生中考成绩并不理想,中考之后,无奈之下被动选择中职教育,家长退而求其次,选择让孩子接受中职教育,希望孩子能学到一技之长,在走向社会之后可以找到一份工作。学生在中职学校进行学习并没有想象中的那么轻松、容易,因为学习根本没有什么捷径可走,中职生学习的科目难度虽然比高中生要稍微简单一些,更注重的是基础和技能的学习,但无论学习什么内容都需要学生具备良好的学习心态及学习习惯。中职生在这方面明显不足,学生之间很容易受到不良行为习惯的影响,学生的不良心理就此产生。比如,中职生在课堂中经常不遵守课堂纪律,甚至出现睡觉、玩手机的情况,还有的学生过早谈恋爱,攀比心非常严重。这些不良习惯的养成和不良心理的发展对中职生日后的成长具有非常不利的影响。

2. 挫败感较强,欠缺求知欲

隔代教育下,长辈很少让孩子为难,基本上是有求必应,而父母平时不在孩子身边,孩子感受不到充足的安全感,因此,会变得非常敏感。再加上学习成绩不好,平时可能得不到教师的认可和肯定,家长也常常会对其责备,导致学生非常不自信,尤其是在自我评价方面表现很明显。在学习过程中遇到困难时,学生会在潜意识上认为自己不优秀,无法克服困难。因此,中职生往往非常厌倦学习,对学习缺乏主动性,自身也不具备什么理想目标,更不会对自身提出更高的要求。

3. 逆反心理强,教育效果反复

中职生本身就正处于青少年时期,多数学生会在这个时期产生逆反心理。由于受隔代教育的影响,他们严重缺乏安全感,内心也非常敏感,再加上不良生活和学习习惯,让他们在家庭和学校中常常会受到一些言语上,甚至身体上的惩罚,这些对于他们脆弱的心灵来说是一种非常伤自尊的表现。受此影响,他们的逆反心理会更加强烈。当他们被管教时,常常会表现得非常反感,对学校和教师提出的教育方法也常常表现得满不在乎,甚至采取上有政策下有对策的套路来应付教师和学校。面对对自己没有管束力的人时,他们往往会去迎合,以求得存在感和满足感,这样就非常容易受到外界不良环境的影响。这种较强的逆反心理,容易造成学生的扭曲心理。此外,并不是所有的中职生都是自愿选择中职学校接受教育的,有的只是听从家长的安排,有的只是为了混到成年而已,想要改变这种消极的学习态度具有很大的挑战性,很容易出现教育效果反复的情况。

4. 没有职业理想,缺乏成就感

中职生虽然在中考时被淘汰下来,但所有家长都有望子成龙、望女成凤的心愿,他们对于孩子的未来仍然充满了期待,希望孩子在经历了中考失败后能够奋发图强,面对孩子"不争气"的表现,自身文化程度不高、缺乏教育知识的家长往往会给予学生一些否定的评价;也有可能因表现不佳,教师和同学都会给他们一些否定的评价。长时间受否定评价的影响无形之中会让他们否定自己,认为自己学习成绩不好,长大也不成为别人眼里"有出息"的孩子,这种消极的心理使学生往往感到非常的自卑,长期就会形成破罐子破摔的心理,更谈不上对未来的规划。另外,随着我国教育的快速发展,大学毕业生越来越多,面对与更高层次人才的竞争,中职生往往觉得自己在职场中没有什么优势,虽然市场就业机会众多,中职学生却找不准对自己的定位,学校没有在教学中注重对学生的职业规划指导,他们很容易产生害怕就业的心理,从而面临被市场淘汰的风险。

(二)隔代教育背景下中职生出现心理问题的原因

1. 家庭教育未受到重视

中职生出现心理问题的原因有很多,其中家庭原因占比很大。在隔代教育背景下成长的中职生,他们的父母因各种原因无法亲自把孩子带在身边,一般只负责孩子的生活费,孩子的教育问题全权交给教师或者长辈。也有的家长不在孩子身边,只是比较看重孩子的学习问题,却苦于不知如何进行教育。甚至有的家长只重视孩子的学习成绩,一旦孩子考试成绩不理想,就只会用一些批评的语言去否定孩子,而在孩子的德育教育方面几乎是缺失的。这些孩子由于与家长欠缺沟通,片面认为家长不关心自己,家长喜欢的是成绩好的自己,长时间得不到有效的疏导,进而引发心理问题。家长往往不能及时发现或者即使发现了一些问题,也只会认为是孩子不懂事,他们平时不注重与孩子之间的沟通与交流,只是一味地想让孩子拥有更好的物质条件,但从孩子角度来看,他们需要的并不是最好的物质条件,而是父母的陪伴和关心。在中职生心理发展变化最重要的时期,家长如果不能多与孩子进行有效的沟通,很容易导致孩子出现心理问题。

2. 家长自身素质不高

家长作为孩子的监护人,让孩子接受良好的家庭教育是必不可少的,但是由于有些家长自身素质不高,他们不能在日常生活中做到以身作则,空闲时间可能就是玩手机、打游戏,在这样家庭氛围下成长的学生,要想养成良好的学习习惯是非常困难的。但家长对孩子都会有一定的期望,都希望自己的孩子长大以后可以有出息,当孩子考试成绩不理想的时候,难免会抱怨孩子不努力,甚至采取一些不正确的教育方法去管教孩子,导致孩子的叛逆心理更加严重,心理健康问题日渐凸显。家长自身文化水平低,又不经常在孩子身边,好不容易与孩子打电话沟通,却拿别人家的孩子进行比较,且在教育孩子时十分严厉,让孩子一直在被否定中成长,学生的心理慢慢就会发生变化。在电话沟通中,动不动对孩子发脾气,甚至骂脏话,这样孩子的厌学心理会越来越严重。这些家长受自身条件的限制,不知道该怎么教育自己的孩子,面对孩子出现的问题,不会去主动学习或求助,只能任由孩子自生自灭,导致孩子的问题越来越严重。

3. 隔代教育影响严重

中职生出现心理问题与接受隔代教育有密切的关系,不论是城市还是农村隔代教育的现象都非常普遍。很多父母忙于生存,顾不上管教孩子,导致出现了周末父母,其实就是只有周末时间家长才有时间陪孩子,殊不知短暂的陪伴想要教育好孩子也是非常困难的。而农村的隔代教育问题就会更加严重,父母外出打工或者由于父母离异只能完全由家里的长辈照顾孩子的衣食起居,孩子长期不与父母生活在一起,自然是无法由父母亲自教养,教育的责任就落在了家里长辈的身上。隔代教育的弊端非常多,隔辈亲让他们担心孩子磕到碰到、有没有吃饱穿暖,可以说是无微不至,但正是这种过度的照顾和溺爱,使孩子在生活和学习中稍微遇到一点困难,就想要退缩。再加上长辈没有精力去关注孩子的精神生活,他们会把心理问题等同于精神问题,认为自家孩子没有任何心理问题,当孩子存在心理问题时,并没有得到及时的疏导,长期积累下去,孩子的心理健康问题越来越严重。

第三节　中职生心理问题的调适策略

一、中职院校做好中职生心理健康教育的策略

（一）落实心理健康教育课程

心理健康问题存在于社会各个阶层,学校也成了心理问题的重灾区。中职院校的学生作为一个特殊的群体,学生的心理健康问题更是不容忽视。面对此现状,学校应该有效保证心理健康课程的落实。

教师在对心理健康课程中的理论知识进行讲解的同时,要联系学生的生活,这样既方便学生对教材中的理论知识进行理解,又可以让学生反思自己在生活中有没有出现类似的心理问题,进而根据教师提出的心理疏导策略,学生可以尝试着先进行自我心理疏导。此外,教师要加强与学生的沟通,走进学生的内心世界,了解他们内心的需求,然后开展针对性的教学活动,让他们的心理得到及时、有效的疏导,避免产生心理问题,使学生可以在中职学习阶段始终保持良好的心理状态,主动学习专业技能,为日后走向工作岗位奠定良好的基础。

（二）有效开展心理咨询

隔代教育背景下,可能部分中职生的心理问题会比较严重,持续的时间比较长,一直都没有得到有效的疏导,这对学生的身心健康造成了

第六章　三全育人背景下的中职生心理健康教育

不利的影响。而部分学校确实在行动上响应教育部门的号召,积极开设了心理健康课程,但由于受到教师专业性的影响,学生的心理问题并不能得到有效的疏导。面对此现状,就需要学校成立专门的心理咨询室,并向学生提供专业的心理辅导师,心理辅导师具备更加丰富的心理教育知识,且拥有更多为学生进行心理疏导的经验,面对学生出现的各种心理问题,其可以找出问题的根本,而后对症下药,学生的心理问题会得到舒缓,相信长期坚持下去,学生的心理健康问题会得到改善。对于中职院校来说,毕竟专业的心理辅导师是非常稀少的,这也将会在一定程度上妨碍学生接受专业的心理疏导。

(三)积极组织学生社团活动

中职院校中很多学生的学习成绩并不理想,这与其从小在隔代教育背景下长大有一定的关系,家长忙于工作,长辈不知道如何正确教导孩子,只是一味地溺爱,导致出现心理问题的学生越来越多。而中职院校作为培养学生的地方,早在很久之前学校就已经意识到学生心理健康问题的重要性。中职学校经常举办一些社团活动,这些社团活动由学生代表群体自主举办,他们会更加了解学生的想法,因此,也会得到学生的青睐,参与的积极性也会较高。因此,学校可以让学生会人员自主举办以心理健康为主题的社团活动,而学生在社团活动的参与过程中也会十分积极,会更加正视自身的心理问题,在参与的过程中会把自身存在的心理问题提出来,并由学生群体一起解决,这样每个学生提出一个有效的解决对策,那么解决学生心理问题的对策将会更加丰富,解决的概率自然也会更大一些。但需要注意的是活动的组织者,也就是学生会的管理人员,自身一定要具备丰富且专业的心理健康知识,这样才能针对有心理问题的学生提供一些有效的对策,才能更好地保证活动开展的有效性。

(四)各科教学渗透心理健康教育

在当前教育背景下,中职学校更应该重视学生的心理问题,这样才有利于学校为社会培养出更多专业技能过硬、心理素质健康、思想品德高尚的稀缺人才。中职学校在促进学生高质量就业的同时,也开设基础学科,使学生得到全面的发展,在这些学科的课堂教学中,教师要注重对课本知识内容的延伸,要利用课本内容向学生渗透心理健康教育,让学生拥有一个健康的心理。面对中职生文化知识掌握较差的现状,教师要给予学生正确的引导,要让学生改变自我否定的状态,告知学生文凭并不代表一切,学生具备学习能力才是在这个社会中立足的关键,这样学生会慢慢转变思想,重拾自信,塑造正确的三观。当然想要做到这一点并不是一件容易的事,需要各科教师共同努力,在对学生进行知识教育的同时也要注重对学生心理的疏导。

(五)强调以就业指导为导向的职业性教育

隔代教育背景下,当中职生毕业参加工作以后,一旦在工作中不顺心或者被老板批评了两句,就会向公司提出离职,因此,中职生的离职率也非常高。中职生本身在就业市场中就业的概率就比较小,因此中职院校一定要让学生认清目前的就业形势,开展心理教育的同时也要加强对学生的就业指导。就业指导并不是只有在学生将要毕业的时候才会开展,而是应该在学生学习的每一个阶段进行有效落实,同时,面对的对象不同,就业指导的侧重点也应该不同。对于马上要毕业参加工作的学生,要注重调节学生勇于面对挫折的心理,在职场中面试遭到拒绝之后不要垂头丧气,不要自我否定。而面对刚入校的新生,就要引导他们学会做职业规划,树立正确的就业目标,并朝着就业目标付出努力。

二、中职生心理健康问题调适的家庭策略

在三全育人背景下,重视家庭教育、父母以身作则、养成良好家风是家庭教育中调适孩子心理问题的重要前提。

(一)孩子是父母的映照

家庭教育,根在父母。俗话说,家有其父,必有其子。父母自身的性格特点和交往能力对孩子的社会交往有重要的影响。父母的性格会潜移默化地影响子女的性格,继而在社会交往中体现出来。通过耳濡目染,孩子会通过观察和模仿习得父母的知识和技能,父母的一言一行都

被孩子看在眼里、记在心上。所以,家庭要重视孩子社会交往的发展,提高孩子的社会交往能力,最好的教育方法是言传身教。父母要以身作则,注意与家庭成员之间和家庭以外人员的交往方式。夫妻和睦,尊敬长辈,父母用实际行动为孩子做出表率,孩子也会有样学样。反之,父母性格内向,不善言辞,不喜交往,或者父母社交能力较差,孩子则大概率会出现性格内向、不善于沟通和交往的情况。父母要合理引导,要鼓励孩子积极主动、大胆、诚实、友善地开展交流交往,并积极培养孩子的各种社会技能,帮助他们树立正确的交友观,帮助孩子学会解决与同伴交往中的矛盾。

提高孩子的社会交往能力,是学校教育的重要内容。同时,在家校社合作的背景下,父母也应该是学校家庭教育指导的重要对象。加强对父母的教育指导,培养更多合格的好父母,是提升家校合作水平,促进学生健康成长和发展的重要途径。学校可以通过举办各种活动为父母提供专门的家庭教育指导,提高父母的社会交往能力。家庭多参加各种社会活动,让学生在多样的活动中增强社会交往意识,学会合作,锻炼沟通、交往能力。家庭也可以组织各种社交活动,为学生的社会交往搭建平台,如家庭聚会、朋友聚餐、集体出游、运动等等,能起到相当不错的效果。

(二)家庭是教育的根基

家庭是孩子的第一生活场所,家庭完整、父母关系和谐可以为子女创造一个温暖的生活环境,也能在一定程度上提高家庭教育的效果。在温馨和谐的家庭环境中成长的孩子会获得更多的安全感,从而使人更自信更有底气,在社会交往时也会表现得更自主、自信。著名教育家李查·伊凡斯说过:"孩子不会因为你供应的物质而记得你,他们会因你珍爱他的感觉将你牢记。"因此,家庭必须营造和谐的家庭氛围和父母关系,为孩子创造爱和快乐成长的安全环境。

在生长教育开展方面,不仅局限于学校层面,在家庭教育中也极为重要,对于每一个人来说,家庭都是第一个教育场所,而父母是最好的老师,这是亘古不变的真理。家庭相比于学校而言,这是每个人一生中非常重要的组成部分,而结合生长教育的核心理念来看,在终身学习与发展的过程中,家庭教育会造成不同程度的影响,是每一个人能否实现健康成长的关键,也是能否成为推动国家发展及社会建设有用人才的要素。

父母对子女的影响是巨大的,特别是对未成年子女的生涯规划和发展往往起着决定作用。每一个孩子的出生都带着家庭的烙印,父母的言行、兴趣、爱好、习惯、职业都深刻地影响着孩子的一生,因此,生涯规划教育应当成为家庭教育的重要内容。

尽管多数家长缺乏专业教育知识与能力,也缺乏对各种职业的了解,但是家长是陪伴孩子时间最长的成人,对孩子了解相对较深,仍然可以从很多方面对孩子进行生涯教育。

生涯规划教育要从小抓起。我们经常问孩子,你的梦想是什么。梦想就是孩子最天真懵懂的生涯目标,或许,孩子的梦想还很模糊,经常改变,但是,家长有意识地用生涯规划进行引导,可以让孩子埋下心底梦想的种子,有了梦想就有了前进的动力,成功的方向。

将梦想具体化为生涯目标。父母在帮助孩子树立自我追梦意识的基础上,要引导孩子将实现梦想分解成几个小目标,设计自我,规划人生。大部分父母的生涯认知和教育水平有限,因此,家长要通过家长学校、班级家委会、生涯教育专家的讲座等,不断提升自身对生涯教育的认知;积极参加班级主题教育,见证孩子的努力和生涯成长;在与孩子的交流中,渗透生涯发展理念,潜移默化地影响孩子。

家校合作,相互交流,彼此支持,成为孩子生涯发展的合作伙伴。例如,某中学联合家委会设立了"生涯讲堂",定期邀请家长、优秀校友作为"生涯讲堂"的导师,介绍自己的生涯发展历程,开阔学生们的视野,促进学生对各种职业的认知,建立家长职业资源库,为学生提供职业实践的机会。

家庭教育,即家教,可以划分为直接家庭教育和间接家庭教育,直接的家庭教育是通过长辈的情感交流、思维引导等显性教育方式,将世界观、人生观、价值观灌输到家庭成员的思想中;间接的家庭教育是指家庭环境、文化氛围、家庭理念等无形因素对家庭成员间的相互影响。

家长是孩子的第一任教师,父母长辈的言传身教、为人处世决定了其对子女礼仪法治教育的效果。娇纵溺爱、简单粗暴的家教氛围,往往会导致孩子"以自我为中心";正确、理性的家教方式,才能给孩子提供良好全面的礼仪法治教育。

注重优良家风建设。广大家长必须要有清醒认识,树立科学正确的家庭教育观,加强优良家风建设,以正确的方式方法有效开展家庭教育,才能帮助孩子扣好人生的第一粒扣子。在新时代,家风建设既要继承和弘扬中华民族优秀传统家风文化,又要与社会主义核心价值观紧密结合起来,将传统文化中的修身齐家、忠诚爱国、勤俭持家、尊老爱幼、诚实守信、和睦友爱、奉公清廉和社会主义核心价值观中的自由平等、公正法治、权利义务、文明健康等融入家庭成员的日常生活中,引导孩子树立正确的礼仪道德和法治观念,潜移默化地塑造和完善个体的道德人格。

加强礼仪法治学习。"家家有本难念的经",每个家庭都存在着不同程度的困境和难题,如家庭老年人赡养矛盾纠纷、家庭暴力、财产纠纷、虐待或遗弃中职生、青少年违法犯罪、夫妻离婚纠葛等问题,这些难题的产生不仅是因为家庭伦理道德的滑落,更是因为家庭成员法治观念、法律意识的淡薄。新时代的家长要与时俱进,学好《民法典》,了解婚姻法、老年人权益保障法、未成年人权益保护法等,用法律的武器保障个人和家庭的权益,营造崇尚法治、和谐文明的良好家庭氛围。

(三)言传身教树家风,热心公益树榜样

岳母刺字的故事千百年来家喻户晓,虽然它缺乏史料的有效支撑,但是不妨碍它成为我们传统文化中宝贵的一部分。在家国危急的关头,激励儿子保家卫国,这正是千百年来中国人家国情怀在文化传承中重要的精神基因。

孟子说:穷则独善其身,达则兼济天下。孟子能够说出这样伟大的话,跟我们熟知的"孟母三迁"故事中的孟母有很大的关系。正是孟母的教导、家风的熏陶,才让孟子有如此伟大的仁爱之心,才让他的主张和圣人孔子的学说一起被奉为"孔孟之道",成为影响世界的儒家思想的源头,他本人也被尊称为"亚圣"。

家风不仅关系着孩子的社会交往能力培养,也关系着孩子的利他能力的养成。一个家庭,夫妻之间相敬如宾、孝敬老人、邻里和睦、事业有成、热心公益,那么孩子也会被影响和感染。

（四）爱心传递送温暖，回馈社会爱无疆

努力奉献的人是幸福的！家长应该教育孩子进一步提升自己的思想境界，使自己逐步形成奉献社会的意识，最简单的做法就是将身边的爱心接力传递下去，让爱永远流传，爱心永不熄灭。

正所谓"赠人玫瑰，手有余香"。爱，不但可以通过家风传承，还可以在不同的人手上接力传递。当我们接受了别人的爱心，我们最好的感恩就是将其再接力传递下去，传到我们身边需要的每个人。爱心不在大小，举手之劳就是爱。

三、心理健康教育对培养中职生综合素养的作用

学校教育的作用不仅仅是为了传授知识，培养学习能力只是学校教育功能的一个方面，不能否定它是学校教育的一个很重要的方面。从人的发展层面来看，单个人的发展通常分为生理水平、心理水平和社会水平三个方面。生理水平是个体的自然生命赖以存在和发展的基础，各种心理品质的发展属于心理发展的内容，而思想道德、知识技能等则主要是教育和后天环境的产物，是在个体的心理发展水平基础上形成的。在中等职业学校学生的综合素质中，思想道德品质是他们健康全面发展的基础和前提。

心理健康教育在学校教育中占有重要地位，现在中等职业学校的学生们的心理健康问题较多，不能掉以轻心。因此，在职业学校开展心理健康教育，不仅可以极大程度改善学生的心理健康环境，提高学生的心理健康意识，而且还有助于教师教育观念的更新，提高育人的责任感和使命感，并在交往"互动"中增强自己的健康意识，同时也强化了教师对心理健康观念的认可。[1]

在职校中建立良好的运行机制是进行心理健康教育、全面提高职校生综合素质的重要保证。建立心理健康教育的运行机制可以从以下几个方面进行。

---

[1] 王伟.加强学生健康心理培养，全面提升学生整体素质[J].济南职业学院学报，2006（3）：86+96.

第六章　三全育人背景下的中职生心理健康教育

（一）建立舆论导向机制

（1）舆论导向。对学生进行心理健康教育是现代教育中不可缺少的内容。它既需要用现代教育理念做指导，也很有必要更新观念，转变旧的传统教育思想，树立新的教育观、人才观、质量观。

（2）理论指导。在对学生进行心理健康教育的时候必须要以人为本，注重学生的全面发展，不断地学习现代教育学、心理学、系统科学等理论，并以此为指导，循序渐进地、有计划有步骤地组织老师、家长进行学习，提高理论认识。

（3）目标导向。心理健康教育的目标就是使培养的学生具有健康的心理、健全的人格、健壮的体魄、正常的智力，并且有较好的适应能力，把他们锻造成为新世纪的新人，总体要求是教会他们"学会学习，学会生活，学会做人"。在教师心中必须有明确的培育目标，在家长心中必须明确孩子发展的方向。

（二）评估机制

每学期可以建立两次"负担监测"制度，通过座谈、抽样调查、普查等形式，对学生的学业负担、心理负担进行分析、研究，及时反馈、调控，从素质教育目标出发，建立学校管理规程。通过每年的"评先"，每学期的考核以及职称评定、各种奖励活动，鼓励教职工积极参与实验，大胆探索，对改革实验有成效的给以奖励。

（三）参与机制

实施心理健康教育，需要有一个良好的社会环境，需要得到社会各方面的支持配合。[①]

（1）领导重视，专家指导。建立实验领导小组和课题研究机构，并请专家教授作为课题组的顾问开展指导。

---

① 杨九旭.开展心理健康教育提高学生整体素质[J].吉林省教育学院学报（中旬），2015,31（3）：12-13.

（2）教师、学生积极参与。全校每个年级均开设心理健康教育课，教师人人有课题，使教师们积极投入实验。

（3）家庭教育同步配合。学校根据需要有计划召集家长召开各类讲座，定期组织开放教育、设立咨询日、进行专题研讨会，让教师和家长对话等，加强学校与家庭家长的沟通，逐步达到教育同步，创设学校、家庭、社会协调一致的教育大环境。

第七章 三全育人背景下的中职生法治教育

中职生是祖国的希望、民族的未来,其法治素养的高低会直接影响着法治中国的实现,但是当前中职生整体的法治素养还不健全。因此,中职院校作为培养中职生成长的主要阵地,应该发挥主导的作用,将提升中职生法治素养融入"三全育人"工作体系中,通过全员参与、全过程跟进、全方位培养,将法治素养教育贯穿中职生教育的全过程以及教学中的各个环节,从而不断提升中职生的法治素养。

第一节 法治教育的一般理论

既然是对法治教育进行研究,那么核心必然是在法治上。对于法治,其理解可以说是多种多样的,本节就来分析法治这一核心概念。

法治作为一种基本方式,在现代国家治理上有着非常重要的意义。法治主要在于依法治国、依法行政,对人权予以尊重与保护,在法律面前人人都应该是平等的。

法治被认为是社会文明的典范与基石,法治的目的在于实现正义与公平。实际上,法治就是要求运用法律,对人权加以保护,对社会力量进行统筹,对社会关系加以调节,对社会利益加以平衡,对社会行为加以规范,从而将法治的规范作用发挥出来。

在社会转型时期,随着地区之间存在明显的差异,贫富差距也普遍出现,资源出现了明显的分配不均的情况,人们对法治有着强烈的渴望,希望通过法治的力量对公平与正义加以保障。国家也需要依靠法治的力量来维护国家的安定与和谐。

一、法治教育的含义

通常来说,法治教育指的是教育者有计划、有目的地对受教育者展开"依法治国"方略的教育与宣传,从而使受教育者能够具备法治意识,并且能够指导自身行为的一种活动。另外,法治教育还包含了对法治思想、法治制度、法治原则等层面的教育,通过法治教育,能够让受教育者对"法治"的概念有清楚的了解与把握,从而从内心对"法治"给予真正的信仰。

与法治教育相关的就是"法制教育",其指的是教育者对受教育者展开法律制度层面的教育,主要是让受教育者掌握基本法律知识与理论,让受教育者对基本法律制度有清楚的了解。

相比之下,法治教育的范围更为广泛,其不仅包含了法制教育的内容,还包含了一些新的内容,如对法治理念、价值等的教育,是法制教育更高层面的内容。

二、法治教育的内容与目标

(一)法治教育的内容

法治教育的目标在于提升学生法治品质,而这一品质不可能凭空产生,需要不断充实法治教育的内容,具体来说需要掌握法律知识、增强法律意识、养成法治思维、强化法治实践。

1. 掌握法律知识

公民的法律素养是一个国家文明程度高低的标志之一,核心依据在于公民是否掌握和积累了丰富的法律知识。

众所周知,要想懂法、守法,必须知法。掌握法律知识虽然不是法治教育的目标,却是法治教育得以切入的关键点。如果学生缺乏基础的知识与意识,那么就很难产生法治意识与法治思维。法律知识的认知水平对一个人的法律行为产生直接的影响,如果缺乏法律认知,很可能会导致犯罪。只有在知法的前提下,才能明白哪些行为会受到法律的鼓励,哪些行为是法律禁止的。可见,只有学习了充足的法律知识,才有可能努力做法律允许的事情,不做法律禁止的事情,才能明确一些行为的意义,以及什么行为承担什么样的法律后果。

2. 养成法治思维

法治思维属于一项规则思维。在国家主权范围内,法律对所有人都具有同等的约束作用,任何人不可以做法律之外的事情,尤其强调对国家机关及其工作人员的约束,要求他们严守权力的边界。对中职生来说,要求遵守法律,遵守校园规章制度,为创建和谐的校园做出自己的努力。

法治思维还属于一种程序思维,即公民对权益的诉求与维护需要通过法律程序来完成与解决,通过透明、公开的程序,公民得以解决一些纠纷,从而保证了结果的公正性。

(二)法治教育的目标

在当前的教育中,法治教育的当务之急就是培养中职生的法治品质。所谓品质,简单来说就是一个人的作风与行为所呈现的关于社会主流的认知与思想。无论是国家还是集体与个人,都具有一定的品质,这是人能够被他人信服的关键。国家的法治品质主要在法律创立上体现,如法律的质量、制定情况、落实情况等。人的品质则主要体现在个人的作风与行为上。法治品质的形成离不开法治教育,这是善治的重要方式与基本途径。

三、中职生法治教育的功能

(一)帮助中职生树立正确的法治观

"法律是治国之重器,法治是国家治理体系和治理能力的重要依托。"中职生是新时代生产领域的生力军,承担着中国特色社会主义事业继承发展的重任,肩负着实现中华民族伟大复兴的历史使命。[①] 中等职业教育阶段是中职生学习法律知识、形成法治思维、培养法治精神的关键时期和最佳时期。这一阶段,中职生既能学到法律法规知识,还能领悟中国特色社会主义法治理念和法治精神,为以后解决从业和生活中遇到的法律问题打下基础。从长远来看,中职生法治教育可以帮助中职生形成正确的法治观,引导中职生正确行使权利履行义务,自觉遵守法律法规,维护法治秩序,增强法治理念,培育法治信仰,弘扬法治精神。

(二)提升中职生应对突发公共事件的能力

突发公共事件具有突发性、复杂性、破坏性、持续性,一旦发生,给公民造成的直接损失和间接损失不可估量。部分民众对突发公共事件缺乏判断,给一些不法分子可乘之机。哄抬物价、制假售假、高价兜售、非法经营等违法犯罪案件频发。更有甚者,在西方反华势力的煽动下,恶意杜撰不利于我国团结统一的言论,诱导舆论。也有民众法治意识淡薄,不能有效约束自己的行为,妨害公务、信谣传谣等不法行为时有发生。中职生年龄大多在16—18周岁,各方面还不成熟,缺乏对突发公共事件的预防和研判能力。公共事件突发后,他们不但不能有效应对,还充满好奇心,采用一些非正常的手段凸显个性,刷存在感。这样,很容易导致违反公共事件应对条例,也给公共事件应急处理带来麻烦。加强中职生法治教育,特别是组织学习应对突发事件和社会安全事件等方面法律知识的活动,可以提高中职生应对突发公共事件的能力,使中职生在突发公共事件处置上发挥正能量。

(三)引导中职生培育和践行社会主义核心价值观

社会主义核心价值观是中华民族优秀文化的积淀,是中华民族团结奋斗的精神支柱,是实现伟大复兴的价值基础。它既包括道德规范,还包括法律规范,这就要求我们在进行社会主义核心价值观教育时,不能把道德教育和法治教育分割,而是要相互渗透,双管齐下。开展中职生

[①] 何前伟,何宏涛,赵红鹏.新时期中职生法治教育研究[J].品位·经典,2022(17):111-113.

法治教育,不仅使学生学到法律知识,更重要的是弘扬了中华民族优秀文化,提高了觉悟,培育了社会主义核心价值观。通过法治教育,进一步挖掘我国法律法规中蕴含的社会主义道德观念和价值评判,弘扬法律内在的道德精神,引导中职生自觉遵守道德规范,提高道德水平。通过积极宣传推介立法、执法、司法、守法等正面典型案例,引导中职生追求真善美,崇尚文明和谐、自由平等、公正法治,起到培育和践行社会主义核心价值观的作用。

第二节 法治观念对中职生法治教育的启示

法治是社会治理的一项重要方式,其通过规范与引导广大社会成员的行为来协调社会关系,对社会秩序加以维护,从而推动国家与社会实现治理体系与能力的现代化,最终促进人的全面发展。这恰好与中职生法治教育的目标不谋而合。因此,法治观念对中职生法治教育有着重要启示。

一、法治观念

(一)"良法"理念与法治教育内容的"合理性"建构

立法不仅是法律运行的逻辑前提,也是法治实现的一项必要条件。法治如果没有法律来依托,那么法治也就无法谈及。同样,对于法治教育而言,如果没有法治的内容,无法将法治教育的本质属性与目标体现出来,那么法治教育也是无效的教育。

良法是善治的前提,这就要求立法工作者在创制法律时,必须具有合理性,这样才能得到全体公民的认可与遵守,从而更好地实现善治。可见,法治的"立法先行"关键在于创制良法。立法作为法治的逻辑前提,其目标不应仅仅是构建完备的法律,而且应该努力创造高质量的法律。

法治的逻辑前提在于创制良法,这时法治教育起着非常重要的作用。也就是说,合理性的法治教育内容是法治教育得以开展的前提条件,也是必要条件,是保证法治教育有效性的重要保障。法治教育工作者必须对教育内容的合理性进行关注。之所以这样做,主要有如下几点原因。

1. 关系到法治教育的合法性

法治教育的重要性是不言而喻的,但是除了对法治教育的重要性加以关注外,还应该关注法治教育之所以存在就在于法治思想的合法性。所谓法治教育的合法性,指的是其赖以存在的根本问题,是对人进行法治教育的根本依据,是其存在的正当性、合理性。

但是,人们在实践中也不是任何事情都能做的,而是需要建立在一定的现实条件下,对客观事物的规律进行遵循的基础上。当然,人们的实践也不可能都是一帆风顺的,其中必然会存在着错误甚至逆境的可能。合理性的法治教育内容作为行为规范与价值体系的综合,应该与人的基本需要相符,将促进人的自由全面发展的价值取向彰显出来,这也是法治教育具备合法性的前提条件。

另外,社会的需要也是法治教育获得合法性的依据。法治教育在一切社会工作中起着生命线的作用,是保障社会和谐有序发展的重要方式和手段。因此,合理性的法治教育内容必须包含统治阶级的价值期待以及对社会主要价值的含义性论证,这不仅有助于为人的生存与发展提供指导,还有助于促进社会的物质文明建设与精神文明建设。

2. 影响法治教育目标的实现

合法性教育内容不仅是法治教育的存在依据,还是法治教育目标实现的重要前提。作为具体化的教育目标,法治教育内容是否具备合理性、是否能够有效实现法治教育的目标,还取决于建构者能否对受教育者的思想、行为情况进行准确的把握。这主要原因在于,法治教育的目标总是蕴含着国家、社会对人们应该具备的法治素质的期待,而从社会存在对社会意识起着决定作用的这一论断出发,这种期待总会随着社会的变迁以及人的发展等逐渐具有合理性,也会发生改变,因此就导致法治教育的目标出现变革。

但是,法治教育的内容是否合理对实现教育目标的影响作用主要有如下几点。

只有准确把握受教育者的法治素质发展现状以及他们思想的发展规律,才能保证提出的法治教育目标具有科学性与现实性。

只有对当下的社会价值期待与受教育者自身的发展需求进行完整的表达,才能将法治教育的价值体现出来,从而促进人与社会的健康发展。

只有将社会历史的发展规律与法治教育规律科学地反映出来,才能确保法治教育的实践走向正确的轨道。

简单来说,只要上述几点都能做到尽如人意,那么法治教育的内容必然具备了合理性。

(二)"忠法"思想与法治教育工作者的"教育忠诚"

忠法源于信仰,信仰对忠诚加以浇灌。因此,当代司法工作者需要对法律予以忠诚,这源于深沉的政治信仰。因为离开了信仰,法律至上的原则就很难真正地在执法、司法活动中贯彻,司法工作者的法律素养也缺乏内在动力,职业责任感也很难被确立起来。因此,在法治教育工作中,法治教育工作者也需要树立这样的信仰。

教育活动是一种有目的性的活动。中职生发生的变化主要是通过教育者有目的的活动来形成的。如果教育者没有有目的的活动,那么也就谈不上教育过程了。要想提升中职生的法治信仰,就必然需要构建教育队伍,提升法治教育工作者的"教育忠诚"。

1. 优化法治教育队伍构成

很多人认为,法治建设仅仅是法律界的事情,与普通人无关,这一观点是错的。有些人认为法治教育是教育界的事儿,认为中职生法治教育仅仅是个别辅导员的事情,这些理念也是错误的。

在当代的高等教育中,学科划分得非常小,教师们大多注重的是学生的专业发展,很少对他们进行思想层面的塑造。正如有的学者认为,大学聘用教师的一大标准就是看他们出版、研究的成果是否是优秀的。

大学对学术的关注超过了对德育的关注,对教师作为学者的关注超过了对他们品格的关注。因此,这就导致真正能担当法治教育的教师是很少的。

2. 提高法治教育队伍素养

要想教育他人,首先就需要让自己得到教育。也就是说,要想让学生做事,那么教师首先要事必躬亲,学生学习的内容,教师也要学习,学生遵守的规范,教师也需要遵守。也就是说,如果教师不能够将自己的素质培养好,那么就很难培养自己学生的素质。

二、法治观念影响下中职生学法知法的"能动性"

法治教育的接受主体应该是能动的、理性的,而不是盲从的。但是,只有当接受主体获得了理性认知,其教育接受才能持久。也就是说,在法治教育中,中职生应该主动学法知法,具体来说,需要做到如下几点。

(一)发挥自我教育功能

进行自我教育是提升中职生自我意识的前提条件。中职生在主体意识的基础上,运用主客体分化方法,将自己视作教育对象,并将自身的需要以及社会的规范作为客体,通过自我内化与选择,有意识、有目的地对自身的主体认识加以改进,努力让自己成为一个自省的人。

也就是说,中职生应该发挥自身的主体地位,主动对自己的道德进行认知,对自己的行为加以控制与改正,进而才能提升自身的道德水平。因此,自我教育这种方法非常有效,有助于培育中职生的法治意识。

(二)发挥中职生的主体性意识

发挥中职生主体性,主要表现在如下几点。

第七章　三全育人背景下的中职生法治教育

1. 自主性

所谓自主性,即能够进行独立的判断,并对这些判断进行反思,从而将信念与行动整合起来。在主体性中,自主性是其本质特征。

首先,中职生法治教育的自主性表现在独立的主体意识层面,有确定的学习态度与价值目标,能够在教师指导下从自身的条件出发,有计划地安排自己的活动,提升自身的素质。

其次,中职生法治教育的自主性还表现在能够自我调节与支配,在知的基础上进行自主的分析与比较,进而进行合理的推理,从而将教师输出的知识内化成自己的知识与行动。

中职生的特征要求教师在教育中必须对学生的主体性予以尊重,对学生的认知水平有清楚的了解,选择恰当的方式将自身的潜能发挥出来。

2. 能动性

中职生的能动性是指学生在处理与客观世界关系的过程中彰显的自身特点。在中职生法治教育中,中职生的能动性是其主动、积极的选择。中职生并不是消极地接受教师的灌输与改造,而是能够在受教育过程中进行自我认识,从而弄清自己与外部世界之间存在的某些差距,激发他们接受法治教育的动机,他们也能够从时代与自身发展情况出发,对法治教育资源加以选择与汲取。同时,中职生对法治教育的目标能够认可,能够调动自己的心理与生理因素,对困难与障碍进行克服。他们也能够将各种消极的因素予以抵制,通过自身的外化行为对教师产生影响,促进师生的互动发展。

3. 创造性

创造性以探索作为主要特征,即要求中职生在法治教育过程中,要善于思考,能够产生独立的见解。灵活运用自身学过的内容,将所学的知识转化成实际要解决的问题,增强自身与社会生活相适应的能力。

基于全球化的背景,当代的中职生面对的环境非常复杂,其中不可避免地会遇到法律问题与道德冲突,这时候就需要发挥自身的创造性,建构与发展自己的认知,与社会发展相适应。

另外,学生还应该做到与时俱进,不断提升自身的精神境界。

第三节　中职生法治教育的路径

随着信息社会的进步以及网络文化的发展,人类的各种包含法律文化在内的文化在不断碰撞与融合,不同的风俗习惯、价值观念、道德规范等也逐渐交织成一种文化的图景。人们的社会角色、利益关系等逐渐衍生出多样化的目标追求与价值取向。基于这种多元文化与多元价值取向的冲击,我国中职生法治教育的原有模式也遇到了极大的挑战。因此,必须明确主导中职生法治教育的价值取向,以更好地将中职生法治教育的价值揭示出来,从而为中职生法治教育提供借鉴。

一、法治文化与中职生法治教育价值诉求的一致性

(一)法治文化对中职生法治教育的促进

如果没有法治文化的支持,那么任何法治都不可能独立存在。法治文化的重要内核就在于人们对于法治的内心认可与确认。随着人类文明不断进步与发展,法治文化也得以发展。法治文化能够促进法治教育,这在法治运行的各个环节都能体现到。一次良好的法治实践本身就是法治宣传教育,并且效果比说教式更好。

1. 法治文化满足中职生法治教育发展的需要

建设法治文化、构建法治社会实际上都属于教育的范畴,属于一个法治教育的范畴。教育包含法治教育,从本质上说,是一个提升人的价值的过程。无论是法治文化还是法治教育,其目标都是人,最终价值都

第七章 三全育人背景下的中职生法治教育

是为了保证人的全面发展。

当代中职生法治教育的主要目标在于提升学生的法律意识,成为一名合格的法治公民,实现自身的全面发展。法治文化的核心在于教育,其包含对学生展开法律知识、法律意识、法律思维等层面的教育,以培养出全面发展的人。从这一点来说,法治文化的目标与素质教育存在着某些一致性,只不过中职生法治教育是为了培养中职生的法治素质。因此,法治文化与中职生法治教育相辅相成、相互促进。

中职生都是特定现实生活与历史文化背景下的人,地域不同、家庭文化背景不同,导致文化习性不同。因此,学校可谓是一个社会的缩影,也是不同文化之间进行交流的空间。具体来说,可以在校园中组织法治文化讨论、讲座等活动,让校园文化与法治文化相融合,从而营造良好的校园法治文化氛围。

2.法治文化满足中职生对法治的文化需求

从法治文化层面来说,中职院校丰富多彩的法治文化是中职生生活质量高低的一项重要指标。随着我国建设法治国家,中职生更加需要法治文化,无论是师生关系、同学关系的处理,还是自身财产权与人身权的捍卫,都需要法律的守护。

(二)中职生法治教育对法治文化建设的推动

具体来说,中职生法治教育对法治文化的构建有如下几点作用。

首先,中职生法治教育具有传播与发展法治文化的功能,而法治文化建设的重要内容也是这两点,因此二者相契合。

其次,中职生法治教育具有法治文化创新功能。法治教育在传播与发展法治文化时,并不仅仅是对法治文化进行完全复制,而且会随着社会文化的进步与发展,不断赋予法治文化新的内容与文化意义。显然,法治教育是在对法治文化加以创新,将已有的法治文化财富传授给学生,让学生形成与法治文化发展相关的创造力,从而不断更新法治文化。

最后,中职生法治教育还具有整合控制法治文化的功能。文化具有复杂性,无论是什么文化,其在一定程度上都会整合为一,当然法治文化也是如此。中职生法治教育可以通过法治精神与观念的宣传,对中职生的行为加以引导与规范。法治文化一旦得到整合,就会形成一种模式并保持下去。

因此,中职生法治教育的基本特征之一就是达到了与法治文化的契合,只有对法治文化进行深入的研究,探寻中职生法治教育的合理价值取向,才能明确中职生法治教育的内核。

二、中职生法治教育的具体路径分析

价值取向决定行为选择。中职生法治教育要想走出困境,就必须在实施方法与路径上做出创新与改进,从而使中职生法治教育建立在对法治文化的价值选择层面,这实际上是文化自觉的体现。

(一)确立中职生法治教育价值观

1. 将"以学生为本"作为基本出发点

在现代社会,法律因为其稳定、规范的特征与所具有的调节认识功能成为对社会关系加以调整的重要规范。在统治社会,统治阶级总是用某种行为准则、某种思想对人们的行为进行指导,以协调各种利益关系,但是这种"压服"是很难起到决定作用的,还需要进行教育,通过教育才能让人们更加自律,真正地做到心悦诚服。因此,中职生法治教育需要做到以学生为中心,这样才能让学生提升自身的法律意识与素质,真正做到自律。"以学生为本"作为中职生法治教育的出发点是具有客观现实基础的。

2. 构建全面、协调、可持续发展的教育价值观

与法治文化相契合的中职生法治教育体现了素质教育价值观。在我国,素质教育的目的在于从人的需要与发展出发,全面提升受教育者的基本素质,根本特征是对受教育者主体性的尊重,注重开发受教育者的潜能与智慧,使他们形成健全的人格。因此,从很大程度来说,素质教

育是对传统教育中对知识传授的思想与方法的扬弃,转向对教育过程中能力的侧重,从而实现从能力向素质的转型。

3. 建立全方位的开放式的、创新性的教育价值观

互联网上有着丰富的道德观与政治观。因此,在这一时代下的大学英语法治教育中,应该采用高度开放的模式,在教学内容、教学过程、教学方式等层面都应该实现开放。例如,在教学目标上,除了要有总体目标,还应该有具体目标,除了有知识目标,还应该有技能目标、价值观目标等,实现目标的多元化。

随着科技的迅速发展,其对教育的创新性要求越来越强烈。同样,中职生法治教育也需要树立创新教育价值观,注重培养中职生的创新思维与创新意识,培养中职生的创新性人格,使他们的意识更加坚定,更具有独立性。

(二)优化中职生法治教育内容

法治教育价值观不可能凭空产生,需要不断充实培育的内容;法治教育的培育内容不是不加选择就能对法律信仰生成产生实效,必须优化培育内容,精准对标中职生法治素质的生成。

1. 优化法治理论认知

中职院校法治教育是中职生法律基础理论知识宣传的主阵地,对中职生进行法治知识的灌输要特别注重发挥中职院校课堂的作用,重视《思想道德修养和法律基础》等公共课程对法律知识的普及。优化法治理论认知主要表现在:第一,对核心概念的理解。过去我们教科书对"法律"的内涵局限在"统治阶级的意志和专政工具"的认识,这种界定使法律不过是政治的一个手段和阶级斗争的工具,忽略法律本身的独立价值,以至于无法唤醒中职生的法律信仰。对"法治"的理解停留在"依法治理"甚至"以法治理"的认识上,没能充分认识到法治是与人治相对立的治理模式,其关键是对权力的制约,以保障公民的合法权益。这样就很难产生对法律的亲近感和至上的权威感。因此,有必要科学把

握"法律""法治"的内涵。第二,法律常识的认知。重点理解法律的价值、法律的功能与作用、我国社会主义法治体系,等等。对这些常识的正确认知有助于培养中职生对法律的信仰。第三,我国现行的与国计民生特别紧密的法律法规,使得中职生充分认识法治是国家治理的基本方式,进一步领会学法、知法、守法、用法的重要性,加深对法律的信任和认同。

2. 促进法治观念认同

广大非法学专业的中职生法律学习的重点,应从法律常识转变到法律意识与法治观念上来,其内容主要有如下几点。

（1）法律至上理念

法律至上理念是和各种专制理念、人治理念相对立的概念,是把法律作为最崇高、最权威的价值判断标准。没有法律至上理念,就无法真正树立对法律的信仰,不可能建设社会主义法治国家。1997年党的十五大确立了"依法治国"基本方略,2014年党的十八届四中全会进一步提出"推进全面依法治国,建设社会主义法治国家"。这昭示了法律在人们社会生活中的崇高地位。中职生作为社会主义法治国家建设伟业的继承者和接班人,必须真正树立起法律至上理念,正确处理法律与权力、法律与人情的关系,摒弃权大于法、人情大于法、关系大于法、遇到法律纠纷时只要找关系靠人情就能解决问题等错误观念。

（2）程序公正理念

对公民法律信仰的培育,除了让公民得到公正司法结果外,还需要让公民体会到在执法过程中的公正对待,这就是要坚持程序公正的理念,其是保证公平与公正的一项重要保障。要想理解程序公正,就必须明确合法、公平与权益三者的关系。其中,合法性原则是前提,公平性原则是目的和价值追求,效益或效率是降低成本需要。法治教育中加强程序公正理念的教育,有助于提升中职生法治理念和法治精神,而且也是当代中职生培育法律信仰所必须树立的理念。

（3）权利意识观念

法律信仰与公民权利之间是相辅相成的关系。

第一,加强权利意识,会让公民更好地承认法律,从而提升自身对法律的认同。

第二,人们对法律的坚定信仰也会推进公民稳固权利观念,促进人们法律意识的增长。

要培养中职生的权利意识,强化他们的权利观念与意识,提升他们的法律信仰。当中职生感受到法律的重要性的时候,内心就必然会产生对法律的一种特殊的情感,并不断升华为自己的法律意志。

(4)法律权威观念

随着中华人民共和国的成立,我国的法治建设有了进一步的发展,但是在现实的实施中,还存在一些问题。很多学生对法律产生怀疑,这对于中职生法律信仰的培育是极其不利的。因此,我们必须对法律权威进行强化。

一般来说,法律权威包含两个层面。

第一,树立法律在人们心目中的威信。

第二,要求行为主体对法律的安排予以服从。

这就要求法治教育工作者应该掌握创新的方法与技巧,加大宣传,提高学生对法律的关注,将法律价值与精神深深地印刻在中职生的头脑之中。

(三)弘扬优秀传统法律文化

1. 弘扬优秀传统法律文化的必要性

一个国家的法律会受到国家传统文化的影响和制约。如果一部法律可以将民族的文化传统体现出来,那么就更容易激发人们对法律的认可。如果法律中丧失了文化传统的内容,那么这样的法律也就必然缺乏公信度,人们也很难对法律予以认可。

随着我国法律文化的不断进步与发展,已经逐渐转化成了民族心理与性格,到了今天才能被人们认可与接受。这也说明法律能够被借鉴与发扬,因此可以将传统法律文化的底蕴运用到当代的法律文化之中,从而推进我国法律文化的进步与发展。

因此,我们应该在正确认识我国传统法律文化的基础上,取其精华、去其糟粕,不断发掘我国法治本土资源的内在价值和优势,并进行科学引导与转化;摒弃传统道德观念中束缚法治发展的思想枷锁,为我国公民法律信仰生成奠定文化基础。

2. 汲取传统法律文化精髓

对我国几千年来积淀而成的传统法律文化要合理吸收、利用,发挥其现代价值,使我国的法治本土资源发挥其深厚的力量。

(1)治理观上的"德主刑辅"

当前,我国传统的道德观念与我国法治思想存在着很多冲突之处,但是不可否认的是,公众对传统文化中道德成分的依从是法律信仰得以形成的基础。如果现代法律没有蕴含传统的道德,那么很难被认同。

这就是说现代的法律价值、法治思想需要将传统文化、民族精神等融入进去,并对传统文化加以继承,这样才能与民众的情感相符合,才能受到传统精神与道德观念的影响。法律尤其需要道德进行支撑,这样才能得以生存与发展。况且,与充满缺陷、差异的人相比,法律是恒久的、普遍的。

(2)秩序观上的"无讼是求"

中国古代"天人合一"的哲学思想反映在法律秩序上就是追求社会和人际关系的和谐,认为"讼"容易激化社会矛盾,"无讼"才能保持社会和谐。这种"无讼是求"的价值观造成根深蒂固的法律观念是"以诉讼为耻,以无讼为德为荣"。"调解"成为在这种价值观支配下解决矛盾纠纷的基本方式。

以"诉讼"为耻的价值理念固然与现代法治思维方式不相适应,但通过调解处理矛盾纠纷,从而"化干戈为玉帛",有利于降低社会矛盾,增进社会和谐。实践证明,"调解"这种具有中国特色的法律纠纷处理机制是富有成效的,对社会也产生明显的正溢出效应。其追求秩序的和谐思想可以说是嵌入我国社会主义核心价值观中和谐观的文化因子。

3. 摒弃不利于法律信仰的文化

我国传统道德支配下的法律文化在许多方面发挥着积极的作用,但同时也在很多方面对形成法治造成不利的影响。例如,重义轻利的责任观,至今是我们倡导的道德信仰与价值追求。但是,从现代法治视角看,一味注重义务和责任,轻视权利和个人的正当利益,是不利于法治建设、社会经济发展与人民生活质量提高的。再如,集体本位的公私观,我国传统文化对"公"与"私"作了浓厚的道德评判:"公"受到极高的道德褒扬,直至现在,象征美好价值的"公平""公正"都用了"公"字,与此相对立,中国的"私"就具有了道德上的负面意义,如"私心""私利"在西方看来是中性的词汇,在国人的心中,认为是不道德的。这在很大程度上否定了个人权益追求的正当性,不利于法治建设。再如,"无讼是求"的价值观,虽然在人际和谐与社会秩序稳定方面有其积极意义,从表面来看,这是一种追求社会和谐的思想,但是,"无讼"思想导致"厌讼""恶讼"心理情绪的弥漫,对通过公正独立的司法程序解决纠纷产生不利影响,使得公众的诉求难以通过有效的途径得以解决。

(四)优化社会法治环境

这里所说的法治环境,指的是对法治建设构成影响的观念、制度、行为准则等非物质因素,主要是由立法、执法、守法和司法等法律运行所构成的环境。

"橘生淮南则为橘,生于淮北则为枳。"自然环境对植物生长都有如此影响,社会生活环境对人的成长也是如此。中职生身处一定环境之中,无时无刻不受到环境的影响。中职生生活的法治环境深深影响着中职生的思想、行为和法治信仰培育的全过程。

第八章 三全育人背景下中职生其他层面的教育

基于三全育人背景,中职生应积极提升自身的综合素养,力求发展成为一个全能型人才。在当前社会,中职生不仅需要学习中华优秀传统文化,而且还需要参与社会实践,提升网络技术使用能力,并展开历史知识学习,从而多方面发展自身的知识涵养。本章就对这方面内容展开深入分析。

第一节 中职生中华优秀传统文化教育

中华优秀传统文化是历经数千年积淀的中华文明之精华,是历经锤炼而不衰的文化精粹,是指导、培育、塑造中国人精神的营养剂。在今天国家走向复兴之际,优秀中华传统文化是中国人最重要的精神食粮。中国学生的核心素养——学会学习与健康生活素养的提升,其必然厚植于优秀中华传统文化这一深厚土壤之中。正如新时代提出了坚定"四个自信",归宿是建立"文化自信"。教师充分利用丰富优秀中华传统文化资源,精心培育学生学会学习与健康生活这两个素养,提升学生自主发展的水平与能力,达成提升中职生核心素养之目的,落实党和国家"立德树人"的根本任务。

今日之中华传统文化的复兴,非一时之兴起,而是全民的共识,传统文化研究学者大力呼吁、党和国家大力提倡、全体国民积极参与,这场声势浩大文化复兴运动是伴随祖国经济强盛、政治民主、文化繁荣、社

第八章 三全育人背景下中职生其他层面的教育

会和谐发展之必然结果。中国人就是要从优秀中华传统文化中找到自己强大的精神家园、找到强国的大文化支撑、找到实现中华民族伟大复兴的动力源泉。

一、课堂教育教学中渗透优秀中华传统文化

充分利用课堂教育主阵地、主战场,运用优秀中华传统文化开展教育活动。如在职业道德教育中,教师通过中国古代人物事例体现爱岗敬业、诚实守信、服务群众、办事公道、奉献社会的精神,如工匠鲁班、医学家张仲景、天文学家张衡等,化精神于具体的历史人物身上,让其成为学生具体可感可知的存在;在语文学科教学中,利用程门立雪、铁杵磨针之类的故事,培养学生乐学善学、勤于反思的习惯,进行学习兴趣的培养,学会学习方法的选择,养成良好的学习习惯;通过对历朝典型杰出人物的介绍,如王阳明、欧阳修、范仲淹等,让学生从其身上体会到塑造健全人格的重要性,通过成功人物的坎坷历程,培养和磨练学生顽强的意志品质,养成坚忍的性格,培养其面对困难的勇气;在专业课程的学习中也渗透优秀中华传统文化内容,利用古人对待技能精益求精、刻苦自励的案例,培养学生的工匠精神。

二、专题培训融入优秀中华传统文化

首先,开展"文明礼仪""优秀中华传统文化知识"和"百年党史"三大专题主题教育培训活动,把学生带入优秀传统文化大观园,具体是以实验班级为中心开展活动,并将礼仪教育落实在学生在校园、家庭、社会生活的各个层面,文明礼仪教育活动作为贯穿课题研究全程的教育内容,让学生从千年中华文明礼仪进入课题培训与学习,理解中华文化礼仪的内涵、文明礼仪精神的传承及文明礼仪对历代中国杰出人物的人格塑造及其对今天人们的影响,筑牢崇尚文明礼仪的根基;让学生尽可能多地学习并掌握丰富的优秀传统文化知识,从而理解中华五千年文明传承是中国人的根与魂,直到今天仍发挥着巨大作用;感受中华文化的巨大感召力、影响力,接受并认可优秀中华传统文化,激发其努力学习传统文化的热情;学习"中国共产党百年历史"的主题教育,通过党的一百年艰辛而光辉灿烂的历史,对中国共产党在革命过程中的精神谱系

进行梳理,长征精神、延安精神、大庆精神、"两弹一星"精神等等,都是应该继承和发扬的宝贵财富,让学生感受中国共产党的艰辛百年,受到熏陶与洗礼,从而提升自己的精神境界。

其次,深入开展自主发展两大素养六个要点的专题学习:中国学生核心素养之自主发展包括学会学习与健康生活两个素养,而学会学习包括乐学善学、勤于反思、信息意识三个要点,健康生活素养包括珍爱生命、健全人格、自我管理三个要点,让学生紧紧抓住这六个要点,并作为学生参与整个课题活动提升自己的素养目标。教师组织六个专题培训,即"运用中华优秀传统文化提升中职生乐学善学素养"专题培训,通过传统文化素材的挖掘,让学生认识学习的重要性及必要性,掌握学习方法,培养学习兴趣,养成勤学好思的良好习惯,具备终身学习的能力;"运用优秀中华传统文化资源培养中职生勤于反思意识"专题培训,通过培训,让学生学会反思反省,掌握学习方法和恰当运用学习策略,从根本上改变学而不思的习惯,提高学习的效率;"运用优秀中华传统文化提升中职生的信息意识",让学生从古人的智慧中了解信息的重要性,尤其是在外交与对外战争中发挥重要作用,培养其鉴别、使用、评估信息的能力,今天更是信息交流互通、高度社会化的时代,不仅要掌握信息的主动权,更要利用信息来发展自己、服务社会,提高自己数字化生存发展能力;"运用优秀传统文化提升中职生珍爱生命意识"专题让学生从传统儒道佛三家对生命的理解中感受生命的可贵性与唯一性,每一个生命的价值都是无限的,树立安全意识和提升自我保护能力,掌握适合自身的运动方式和技能,学会珍爱生命是最基本认知之一,养成健康文明的习惯和生活方式;"运用优秀中华传统文化提升中职生健全的人格品质"专题让学生认识到健全人格表现为积极进取、心灵阳光、和谐共生,做到自尊自爱,坚韧乐观,具有顽强的毅力、坚定的意志力和抗挫折能力,古今中外有数不清的杰出典型人物,都是学习楷模;"运用优秀中华传统文化提升中职生自主管理能力"专题让学生继承古人管理的智慧,能正确认识与评估自我,依据自身个性和潜质选择适合的发展方向,合理分配和使用时间与精力,具有达成目标的持续行动力,等等。

最后,开展"就业实习培训""传统孝道教育"与"感恩教育"专题活动。开展"就业实习培训",让学生认识到职业不分贵贱,做到干一行爱一行,钻一行精一行,遵守爱岗敬业基本职业道德规范;工作中一丝不苟,做到乐业、勤业、精业;开展专业技能强化训练,如护理专业学生

第八章 三全育人背景下中职生其他层面的教育

常规心肺复苏、注射、输液等流程等;并对学生进行行业规范、就业安全、自我保护等方面的培训,让学生成为准职业人。"传统孝道教育"与"感恩教育"专题活动,深化学生对优秀中华传统文化的认知。

学生教育能否起作用,关键是学习能否激发热情、兴趣,能否触动学生的神经,与学习内容产生共鸣,所以将孝道与感恩两方面内容作为最后的压轴培训,是让学生体会到自己生命之不易,体会到父母的辛苦,体会到老师的艰辛,体会到自己的责任;用自己的感恩之心回报父母、回报老师、回报社会,自觉为国家作奉献;体会到自己生命的意义就是通过学习优秀传统可以提高自己的品位、提升自己的人生境界,努力学习优秀中华传统文化,锻造有用之躯积极为他人、社会、国家作出更重要的贡献。

第二节 中职生网络教育

中职生出现的网络交往诚信意识缺失、网络主体责任意识不强、权责意识不清、网络自律意识薄弱等现象是由多方面原因造成的,中职生自身因素以及中职生所处的网络环境都对中职生网络道德具有重要影响,若要切实有效解决新时代中职生网络道德中出现的现实问题,进行中职生网络教育应该立足中职生自身、家庭、学校、社会等多个维度,充分结合网络道德各影响因素及新时代中职生网络教育目标来提出对策,同时注重发挥中职生网络道德内生动力,使其在提升自我道德水平的同时成为良好网络环境的建设者与守护者。

一、引导中职生进行自我教育

由于网络的隐蔽性、匿名性和虚拟性,活跃在网络社会的人可以在网络社会中无视道德伦理底线,随意发表观点。当前中职生的网络道德意识较强,普遍认可在互联网应该遵守相关规定,并愿意主动遵守网络相关法律法规,但部分中职生网络主体责任意识不强,诚信交往意识较差,同时,中职生网络主体权责意识不清、网上自律意识不强现象较为普遍。研究也发现女生的网络道德水平普遍高于男生,性别因素对于网络道德具有一定影响。同时,自身的政治面貌也对中职生网络道德具有影响作用,且政治面貌越高,中职生网络道德水平相应也越高。

从以上分析结论可以看出,进行中职生网络教育应充分发挥中职生自身主观能动性,结合中职生自身发展特点,注重发挥中职生自我教育的作用。因此,需从中职生自身入手,引导中职生进行自我教育,通过理论学习、榜样示范、自我教育三种途径来开展中职生的网络道德自我教育,纠正中职生网络不道德行为,助力其树立正确网络道德规范,进而提升网络道德修养。只有中职生自身明确了网络道德的重要性,树立了正确网络道德意识,激发出内生动力,才得以保证其他的教育对策能够顺利实施,取得预期成效。实现切实提升中职生网络道德,彻底改善网络环境的最终目标。

(一)榜样示范:强化自身的网络道德情感和责任意识

树立榜样示范是一种群体的自我教育形式,网络道德榜样示范教育打破传统的"他律"式教育,突出强调同龄人间的"朋辈效应"。因此,在中职生网络教育的榜样甄选产生机制中,应注重发挥优秀学生在中职生群体中的先锋模范带头作用,通过校园身边好青年、校园网络道德模范标兵、网络文明志愿者活动等校园网络道德模范的示范作用,带动整个校园网络道德风尚向好发展。

榜样的示范性功能与教育意义,首先在于其形象是具体的、真实的,发生在每一位中职生身边的,因此这样的榜样具有鲜活的感染力与说服力。通过榜样教育来充分发挥朋辈群体的教育功能,引起中职生的情感共鸣,以此引导中职生"见贤思齐",吸引其他非党员中职生不断向网络道德优秀的学生党员靠拢,从而产生"榜样能为,我亦能为"的心理认同和道德自信,认可榜样的行为并进一步吸收内化成为自己的网络道德准则,通过身边榜样"以一带多"的模式正向影响下,日积月累,中职生在潜移默化间养成了自己的道德行为习惯,加强了对网络规范的认同,从而提高了自己的道德情操和责任意识,而道德模范榜样在指导影响身边中职生的过程中,会因为责任意识从而更加注意自己的网络言行,实现与身边中职生共同进步的互利共赢的局面,形成互帮互助、共同发展的积极校园网络道德生态。

第八章 三全育人背景下中职生其他层面的教育

（二）自我教育：规范自身网络道德行为，自觉遵守网络道德

自我教育是实现德育目标的重要手段之一，古今中外皆高度重视发挥自我教育在个人成长成才中的重要作用。[1]德育教育学将自我教育定义为："以自己为教育对象，通过自觉、主动地自我锻炼、自我完善，达到提高自我修养目的的教育活动。"[2]在中职生网络道德自我教育过程中，主体和客体均是中职生本人。这就要求中职生由被动到主动、从依赖到独立吸收内化，再到实践外化，在教育过程中不断实现自我管理、服务和监督，最终实现自我提高。

网络空间的开放性、跨地域性、隐蔽性、去身份化等特征间接决定了网络主体不道德行为的监管难度较大。因此，良好的自律意识是中职生进行自我教育的关键，将儒家"慎独"思想融入中职生网络道德自我教育中，引导中职生将他律转化为自律，培养网络道德自律意识，逐步进行自我教育，进一步规范自身网络行为，提高网络道德水平。这种将我国传统文化中的思想精华结合新时代背景，对新时代中职生开展网络教育在形式和内容上都是一种创新。儒家"慎独"思想的核心内涵主要由慎省、慎微、慎辨、慎欲、慎言五部分组成，对此，可以分别从慎省、慎微、慎辨、慎欲、慎言五部分提出中职生网络道德自我教育对策。

1. 以"慎省"思想增强网络道德规范意识

"慎省"即认真自省，检点自己的言行，"慎省"思想要求见到品德好的人要学习他的优点长处，成为与之相近的人。见到品德不端正的人则要自我反思，自己是否有和他一样不道德的地方并自觉反思检验自己思想言行中的不足之处，这一观点与现在社会所提倡的自我反省思想具有内在一致性，通过掌握"慎省"思想可以引导中职生群体关注自己是否严格遵守了网络道德规范，以及在做出了不道德的网络行为时能够及时反思，进而增强网络道德规范意识。

---

[1] 银花.浅谈中职生自我教育能力的培养[J].内蒙古民族大学学报,2009,15(1):71-72.
[2] 德育教育学原理编写组.德育教育学原理[M].北京:高等教育出版社,2016:242.

2. 以"慎微"思想增强网络行为底线意识

"慎微"思想指从行为的细微之处严格要求自己,防微杜渐,引导中职生不能因为做出某些网络不道德行为的危害较小就不引起足够重视,不及时自省,纵容自己。要不断增强网络行为底线意识,与一切不道德网络行为划清界限。

3. 以"慎辨"思想培养网络信息甄别能力

"慎辨"指人们在独处无人注意的时候能够通过自己的思考去辨别事情真伪、善恶,面对泥沙俱下的网络环境,极速传播、不明来历的虚假信息遍布网络空间,中职生可以通过培养"慎辨"思想来提升网络空间信息甄别能力,避免间接成为谣言传播的帮凶,付出违法代价。

4. 以"慎欲"思想提升网络行为控制能力

"慎欲"思想即要求中职生正视欲望,对欲望加以节制,不要被欲望所左右。为此,通过"慎欲"思想的自我教育,可以提升中职生在面对欲望时的掌控能力,自觉地克制欲望,进一步做出正确的网络行为选择,自觉地遵守和践行网络道德行为规范。

5. 以"慎言"思想提高网络言论评价水平

"慎言"思想指导我们即使在独处的时候也要注意自己的言论和说话方式,言行应小心谨慎,由于现代生活快节奏带来的生活压力加之网络交流的匿名性和隐蔽性,使得网络空间中不文明语言和不诚信交流的出现频率和现象极为广泛,愈演愈烈,甚至发展成为带有人身攻击性质的网络暴力行为,这些行为极大地破坏了网络环境,放大了网络的负面效应。进行"慎言"教育有助于提醒中职生在网络交流时要谨慎发言,在进行评论时客观公正,遵守网络语言的交流规范,自觉地做网络言论文明规范的践行者和传播者,提高网络言论评价水平。

可见,自我教育是一个持久性的工程,教育成效短时间内无法量化,

第八章　三全育人背景下中职生其他层面的教育

因此可以通过以上做法助力中职生形成良好习惯,一旦好的习惯生成,那么中职生的自我教育就会由被动上升到主动,从依赖到独立,进而不断实现自我管理、自我监督、自我提高,最终树立牢固的网络自律意识,养成良好网络行为习惯,实现肉眼可见的网络道德水平提升。

二、营造良好的家庭网络教育环境

家庭对于中职生网络道德水平具有重要的影响,家长重视家庭网络教育,则中职生网络道德水平较高,反之,家长不重视家庭网络教育,则中职生的网络道德水平偏低。由此可以进一步看出加强家庭网络教育对于提升中职生网络道德水平的重要性。家庭对中职生的道德具有启蒙作用,开展中职生网络教育,家庭环境至关重要。一方面,家庭的良好家风能够涵养中职生网络道德;另一方面,家长通过对中职生网络行为的监督管理和网络道德习惯的培养,能够帮助中职生规范网络行为习惯,培养中职生健康积极的网络道德行为意识。

(一)转变家长教育理念,形成良好家风

良好家风有助于德育的开展,德育是人成长成才不可缺少的教育内容与手段。遗憾的是目前家长重智育、轻德育的现象十分明显,一味地关注学生的知识学习和智力开发,似乎考入好大学即是孩子人生奋斗的终点和一切幸福的起点。部分家长的教育观念也存在偏颇,并没有对孩子的道德教育产生足够重视,更无从谈及对孩子进行网络教育。为此,家长应转变教育理念和自我观念,了解并重视网络道德,创新教育方法。加强家庭教育对中职生网络道德的正向影响,家长的言传身教不可或缺。家长应规范自身网络言行,以身作则,充分发挥榜样示范作用。家庭教育是中职生的第一课堂,父母是孩子的第一任老师,是家庭教育的绝对主体,要给孩子们讲好"网络道德第一课"。因此,家长必须认识到自己的教育责任以及言传身教的重要性,在生活中自觉遵守道德规范,践行社会主义核心价值观,在现实环境中自觉做到不信谣不传谣、良好控制情绪、使用文明用语、远离色情、赌博等垃圾网站,形成良好家风,引导孩子树立正确的道德观念,对中职生进行潜移默化的网络教育。

(二)加强家庭监督管理,生成良好网络行为习惯

网络虽然是个虚拟的空间,但并不是法外之地,也不应成为道德的真空地带,中职生年龄小,社会阅历少,自制力不强,思想不够成熟,意志不够坚定,极易发生跟风现象。在不知不觉中,就会受到网络谣言的蛊惑、网络暴力的胁迫,做出网络失信、网络宣泄、网络谣言、网络冷漠等不道德网络行为,从而一步步走向道德的对立面。家长作为孩子的监护人与第一责任人,应增强责任意识,明确自己不仅仅是管理者,更应该起到行动的表率作用。家长应充分注意自己在网络空间的言行,重视树立正确网络道德观念才有可能正确教育引导孩子。应重视孩子网络道德的培养,关注孩子在网上聊天、观看电影、玩游戏等网络活动中是否存在网络失信、网络宣泄等不道德网络行为,并合理控制孩子的网络开销,防范中职生在网络上参与不道德活动,提前预防,加强监管,从源头遏制中职生不道德网络行为的发生。

此外,家长尤其需密切关注中职生的上网时长,随着中职生每天上网时长的增加,其网络道德水平也会随之降低。因此,对中职生的上网时长进行合理约束,家长的监督管理至关重要,当孩子上网时长过长,出现网络沉迷和依赖倾向时,家长应及时进行提醒,并通过进行户外运动、家务劳动等方式来转移孩子的注意力,防范网络成瘾。中职阶段是个人思维方式、价值观念形成的重要时期,孩子可能会对一些社会现象、人或事物存在不同观点和看法,此时,即需要家长密切关注孩子的内心动向,当发现孩子出现不道德网络行为倾向时,应及时主动去和孩子进行沟通谈心,了解情况,并对孩子讲明以上网络行为的危害及可能带来的严重后果,引导孩子正视以上不道德网络行为,提高孩子的网络不道德行为风险意识。同时,应注意在进行家庭网络教育过程中,也要注意积极听取孩子的意见,尊重孩子的看法,不可以一味地强制和灌输,否则会激起孩子的逆反心理,引发孩子反感情绪,适得其反。应在和谐、轻松、平等的氛围下对孩子开展网络教育。同时,也要注重孩子在现实环境中的正确道德意识的养成和良好行为习惯的培养,不断提高孩子的网上网下道德认知,进一步促进孩子网络道德意识的形成,助力良好网络行为习惯的生成。

第八章 三全育人背景下中职生其他层面的教育

三、发挥中职院校网络教育的主阵地作用

当前,中职院校肩负着人才培养的重要使命,同时也是进行网络教育的主阵地。中职生网络教育是培养中职生网络道德观念、规范其网络道德行为的一种教育实践。在这一实践进程中,中职院校教育者居于核心位置,也是落实立德树人根本使命的关键责任主体。中职院校及教师的教育观念与教育方式,直接关系到提高中职生网络教育的成效。为此,中职院校应重视网络教育,并积极采取行动,教育者应适应时代发展需求,与时俱进,切实以需求为导向,结合中职生心理特点、网络道德现状,以中职生易于理解接受的方式开设网络道德相关课程、创新教育形式及内容、营造校园良好风尚等,建立健全中职生网络教育工作制度,提升网络教育实效性、针对性,不断引导中职生做到规范上网、健康上网、文明上网,树立起网络道德规范意识,实现立德树人的根本任务。

(一)提升中职院校对网络教育的重视程度

当前中职院校"应试教育"观念依然严重,部分中职院校对于毕业生的要求是通过英语四六级,发表学术论文,以成绩排名作为依据评判学生个人能力;以课时数、课题和论文数量作为依据评价老师教学成果;以专利数量作为评价各中职院校科研水平和综合实力的评价标准依然是教育界普遍认同且高度执行的基本准则。这种"唯结果论"的教育心态影响了中职院校的培养方案,为达到理想的毕业率与就业率,中职院校更多地关注学生的专业素质,忽视素质教育的培养,这也就背离了教育立德树人的根本宗旨,也造成学历与素质的严重不对等。近几年发生的严重网络失德事件无一不在提醒我们,高学历未必带来高道德,盲目追求学历的极致化,唯学历论,极易造成极端功利主义、个人主义盛行,引发道德崩塌,带来严重后果。为此,加强中职院校网络教育实效性首先需要提升中职院校对网络教育的重视程度。中职院校需将网络教育放在落实立德树人根本使命的任务部署之中,充分认识到网络教育的必要性与紧迫性,从校领导层面转变"重智轻德"的教育观念,做出顶层设计。其次,在教学设计中,可以通过专业课针对性渗透网络教育相关内容,发挥课程历史功效,与德育课程形成育人合力。再次,应进

一步明确中职院校网络教育者不单单局限于中职院校德育课教师,而是以德育理论课教师为主,与班主任、辅导员、党团支部书记、其他专业课教师、家长协调配合,形成联动机制,以上每一位教育主体都应重视自己立德树人、铸魂育人的使命任务,而不是什么都交给德育课教师负责,课程可以由德育课教师负责,但是,中职生的日常上网习惯,网络道德状况仅凭德育课一周两学时的 90 分钟是远远无法掌握的。受限于自身学历和专业知识,大多数家长希望也相信孩子在校园可以接收到全面系统的道德观念教育,试想,如果以上教育主体均觉得这不是自己的分内之事,那么,中职生的网络教育如何推进,究竟由谁来负责,网络道德如何提高?

因此,应该充分发挥班主任的作用,通过与同学谈话沟通、同学反馈,主动掌握了解每一位学生的网络道德情况,制定进一步针对性对策。家长和班主任之间也应该加强沟通,班主任从家长处及时了解中职生在家期间网络行为状况,家长从班主任处了解中职生在校期间的网络行为习惯。为此,网络教育者之间应转变观念,打破分工壁垒,主动去关心中职生的心理健康状态以及网络道德现状,在中职生思想观念、价值取向、精神面貌定型的关键时期,负起责任,充当好引路人的重要角色。

(二)营造良好校园网络道德风尚

校园网络道德氛围对中职生网络道德的影响是巨大的。中职院校应开展丰富多彩的网络道德宣传活动,营造健康向上的校园网络道德氛围。校团委组织可以进行校园身边好人、校园网络文明志愿者、校园网络道德标兵评选等活动,引导大家了解榜样,进而向榜样学习,充分发挥榜样教育意义,并充分利用校园网站平台、公众号等官方平台进行推送宣传,扩大影响力。也可以引导学生通过个人的抖音账号、哔哩哔哩账号、微博账号在同学间、兄弟院校间进行活动宣传,可以进一步增强宣传效果,弘扬优秀网络道德。可以进一步通过开展网络道德知识竞赛及辩论赛等形式,普及网络道德及相关法律规范,引导中职生树立网络道德法治意识。也可以通过成立网络中心社团,举办丰富多彩的社团活动,设立校园网络文化周等,以年轻人乐于接受的形式,潜移默化地开展网络教育,传播正向网络道德观念,营造良好风尚。通过开展校园文化活动,提升网络道德观念在中职生间的传播范围、速度,推动网络道德观念入脑入心,在校园逐步形成人人崇德、人人守德、人人向德的良好局面,在营造良好校园网络道德氛围的过程中引导学生进行自我教育,提升校园网络教育的成效,加快形成网络道德良好局面。

第三节 中职生社会实践教育

一、中职教育校企合作人才培养存在的问题

(一)合作不稳定,融合渠道不贯通

由于企业与学校在体制、性质等层面存在差异,在初期,校企双方的合作是很难的。公司主要是为了赢得利润,需要创造较高的收益,因此企业缺乏与职业院校之间进行合作的动力。很多校企合作关系的建立大多是依靠人脉产生的。这样的合作关系往往是短期的,很难长久维持下去,并且即便合作,合作的效果也是非常差的。要想对这一问题进行解决,就需要构建以政府为主导的校企合作政策,建立完善的机制,以立法手段制定相关的法律法规,明确政府、企业、职业院校之间的责任、义务。

在鼓励措施上,目前政府机构出台的政策往往比较宏观,缺乏强制性,因此无法对企业的行为加以规范,因此,很多校企合作教育的开展仅是对经济利益的关注,并不愿意真正地融入职业院校的人才培养工作;校企之间的深层次交流十分缺乏,很难将产教融合发展的意义体现出来。

基于各种制约因素,当前的中职教育产教融合仍旧存在明显的不足,尤其是管理体制、鼓励机制、政策法规上,很难保障完善的产教融合。

(二)校企合作的经费难以保障

校企合作是一个非常复杂的过程,校企双方进行科学研发,共同建

设实训平台，都需要人力、财力的注入。但是现实情况是，国家和地方政府对于助推校企合作的机制还不完善，国家深度参与中职教育税费政策、信贷政策还未落实到位，社会缺乏健全的捐助渠道。就企业层面而言，根据校企合作育人的要求，企业应该全程参与其中，为人才培养提供一定的人力资源、物力资源，但是当前，很多校企合作都是以学校教学为中心，未发挥企业的作用，并且也未能保障企业的效益，因此企业参与程度不高。就职业院校而言，很多经济发达地区的职业院校，经费充足，但是欠发达地区的职业院校经费匮乏，投入有限，因此这些地区的校企合作很难实现。

二、中职教育校企合作人才培养模式的实施路径

首先，强化"德技并修"人才培养意识，就是要在加强品德修养、增长知识见识、培养奋斗精神、坚定理想信念、增强综合素质上努力，使学生具备政治认同、职业精神、健全人格、法治意识和公共参与等方面职业素养，同时，又具备较高的技术技能水平，成为有理想、有本领、有担当的人才，成为能够担当中华民族伟大复兴重任的时代新人。

其次，健全"德技并修"人才的协同机制，全社会都要共同担负起青少年成长的责任。各级部门要为学校安全托底，解决学校的后顾之忧，一起维护教师和学校应有的尊严，保护学生的生命安全，这些都提供了根本保障。职业学校要积极探索校企合作、产教融合、知行合一、工学结合的"德技并修"的办学模式，联合行业、企业，打造共同育人的命运共同体，把立德树人融入"做中学，学中做"，着力培养学生的求知精神，提高学生的创业就业能力。积极探索德育协同的创新育人机制，不断提升人才培养质量。[1]

再次，通过前两年在校理论学习，学生基本掌握了本专业的理论知识、实践技能及职业工作的基本素质；从第三年开始，根据各企业需求工种和用工条件决定实习的专业及培训期限，使得学生学有所用。在工厂实训基地进行教学实习和实训，在工厂实践教师的指导下实现轮岗实践操作培训，在一个月里熟练掌握企业一线相应岗位的操作标准与要

---

[1] 王金勇，刁含祥."德技并修、工学结合"中职生实践教育探究[J].科学咨询（科技·管理），2021（9）：212-213.

求,提升职业岗位技能。进行顶岗实习,拟定就业岗位,以"准员工"身份进行顶岗实际工作,在这期间,学生必须接受企业的分配和管理,同时企业付给学生相应岗位工资。

最后,德技并修、工学结合需要我们教师不断地改进教育教学方法,与时俱进,随时改进教育教学基本的理念。教师要坚持以育人为本为目的,以服务学生就业为导向,改进教学方法、教学内容,培养的学生就业和创业能力。对于以往枯燥、死板的理论教学要进行调整改变,用工作过程导向教学来取代,即将教学过程与工作过程衔接起来。基于工作过程开展相对应课程,以培养学生的工作能力为目标,开展对应的专业课程,提高实践和实训教学环节的认识,突出"教中做、做中学"的职业教育办学特点。

教学中的具体操作要联系实际,具体清楚学生应该掌握哪些知识,会做哪类事,然后进行汇总分析,结合学生的能力,进行对应的课程学习安排,老师进行合理的教学设计,实施教学活动。在对学生实践能力培养的同时,不忘理论学习,以学生学习能力的培养为主体,做到理实一体,为学生以后成长学习打下坚实的基础。

总之,"德技并修、工学结合"办学模式蕴含着深远的现实意义,它没有固定统一的模式,是一个探索的过程。它需要学校和企业共同努力,互相支持、互相配合、双向合作、资源互补,学生老师努力,家长社会认同,从而培养出社会学校都认可的优秀职教生。相信只要我们在工学结合的道路上不断求索,重视"德技并修、工学结合"对于职业教育事业发展的深刻意义,改正教育观念,积极创新职业教育改革的路径,那我们就一定会走出一条适合自己的职业教育之路。

第四节　中职生历史教育

中职学校在人才培养过程中虽然注重培养学生的专业技能,但是也要抓好学生的历史教育。只有历史教育与立德树人教育做好了,才能在保障了专业课程教学质量的基础上,培养出高素质的技能型人才。

一、中职学校历史课教学形势堪忧

（一）历史课的机械性教学依旧明显

正因为中职生的历史理论基础较差,所以他们对历史课的知识内容缺乏足够的认知与理解能力。目前教师开展历史课时,对学生的学习实情掌握不够充分,不注重对新形势下的历史课教学问题进行深入的研究,从自己的教学过程中、从学生的身上找出问题,导致历史课教学的创新变革力度较小。这就导致中职历史课上的教育氛围不够人性化,依旧具有一定的机械性,学生学的比较枯燥乏味,难以体会历史课知识的真正内涵。

（二）历史课教学方式缺乏创新与变化性

中职历史课教师的教育对象在不断发生变化,所采取的教育策略也应予以调整,满足不同时期历史课教学的实际需要。然而,当前的中职历史课教学并没有体现出这一教学特点,教师更多地是根据自身的历史教育经验,判断自己应该在历史课中采取哪些教学方法。但实际上这种教学方法缺乏科学性与针对性,不仅没能在历史课中起到应有的作用,还影响了学生在历史课中的学习兴趣,他们在热情不足的情况下,很难配合教师展开有效的历史课教学活动。

二、以生为本理念下中职历史课教学创新变革的有效路径

"以生为本"是教育改革对新时期的职业教育提出的重要要求,中职历史课教师应秉承以生为本的教育理念,多维度地改进历史课教学方式,让历史课教学凸显更鲜活的生命力。

（一）在教学情境下开展生动的历史课教学

中职学生的历史理论知识水平并不高,对历史课程的知识内容也缺

第八章 三全育人背景下中职生其他层面的教育

乏学习兴趣，其学习热情较低。教师可从体验式教学这个角度展开思考，引入能够让学生产生较强学习体验感的教学方式，刺激学生的每个感官，使其主动融入教学氛围之中，去体验和感知课堂中的重要知识内容。对此，教师可将情境创设法引进历史课中，为学生创设合适的历史学习情境，使其在这个情境中展开有效的体验性学习，让学生对历史课知识内容有更加真切的感知与理解。

教师可发挥信息技术在情境创设教学中特有的优势，利用丰富的图片资源、视频资源来营造生动的教学情境，让学生在视觉、听觉系统受到刺激的前提下，对情境中的知识内涵进行直观且深刻的感知。

（二）在鼓励质疑的基础上展开历史课教学

"质疑"是学生创新思维发展的源泉，鼓励学生展开质疑，这是教师培养学生问题意识，引导学生树立创新精神的重要途径。在当前历史课堂上，很多教师虽然改进了教学方式，但是还没能在较大程度上激活学生的思维活力，使其对历史课知识内容的认知与理解水平依旧不高，同时学生的创新思维发展程度也不高，这些现象需引起教师的重视，在历史课教学中要注重鼓励学生质疑，然后围绕学生质疑的问题展开师生互动。

例如，教师在立德树人教育环境下打造生本课堂时，可以围绕"劳动精神"这一主题来展开专题性的历史教育，鼓励学生自主质疑。有的学生认为当今社会科技发展速度极快，很多劳动岗位已经被科技机器或人工智能取代，劳动力人口供应在下降，这是否与劳动精神相悖？教师在学生质疑后，可围绕其中的疑问，发起师生互动："你们认为真正的劳动精神是什么？在未来人工智能将会取代更多的劳动岗位，你们认为自己怎样才不会被这样的科技时代所淘汰？该如何理智地看待人工智能发展趋势与未来的就业发展趋势？"中职学生都会关注自己未来的就业和职业发展，教师发起的这些师生互动内容可以吸引学生的注意，此时课堂中的教学氛围会逐渐热烈起来，学生会发挥主动性，在师生互动过程中各抒己见。

学生既可从这一师生互动中解决先前质疑的问题，又可从中获得一些就业、职业发展相关的感悟,学会主动思考如何提升自己的就业竞争力和职场竞争力,同时也要注重弘扬劳动精神,做一个具备敬业奉献精神、精益求精之心的人才,学会在未来的道路上一直追求卓越,自主开辟个人的广阔发展空间。

第九章 三全育人背景下中职生综合素养评价体系建构

教育评价能够为教育发展指明前进的方向,对教育的改革有着重要的作用。中职院校积极响应国家的号召,为培养出德、智、体、美、劳全能型人才,积极开展教育评价的改革与创新。

第一节 评价体系简述

一、区分评价、评估与测试

对于评价,很多人会联想到测试、评估,认为三者是同一概念。但是仔细分析,三者是存在一定的区别的。简单来说,测试为评价、评估提供依据,评估为评价提供依据,评价是对教学效果的综合评估。三者的关系如图9-1所示。

从图9-1中可知,评价与测试、评估关系非常密切,但是也不乏区别的存在。具体来说,可以从如下三点理解。

就目标而言,测试主要是为了满足教师、家长的需要,便于他们弄清楚自己学生/孩子的成绩。当今社会仍旧以测试为主,并且测试也为家长、教师、学生提供了很多信息。评估主要是为教师与学生提供依据,如学生在学习中遇到什么问题、学生学习的效果如何等,便于教师提升自身的教学质量,也便于学生提升自身的学习效果。评价有助于行政部门对教学进行合理配置。显然,三者有着不同的作用。

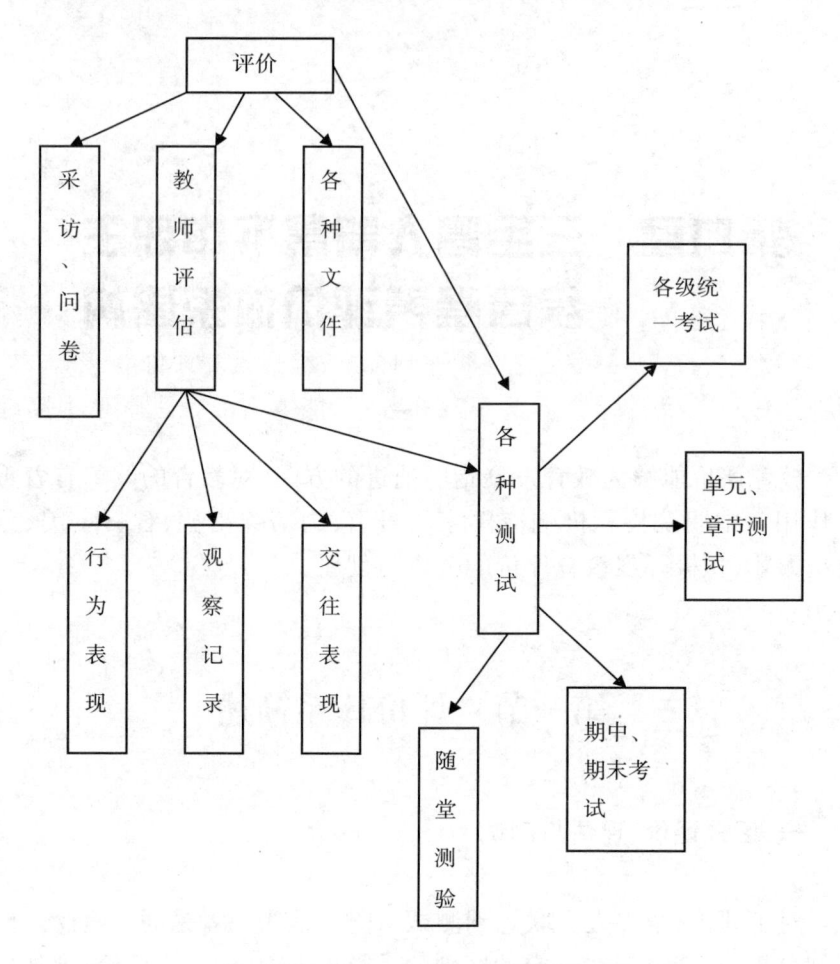

图 9-1 评价、评估与测试的关系

（资料来源：黎茂昌、潘景丽，2011）

就数据信息而言，测试主要收集的是学生试卷的信息，也是学生语言水平的反映，但是试卷无法评估学生的语言运用能力。评估可以划分为终结性评估与形成性评估两类，终结性评估简单来说就是测试，而形成性评估主要是学生学习的过程。评价往往是从测试、问卷、访谈等多个层面来的，属于一种综合性评估。

二、中职学生综合素养评价的内涵和意义

中职学生综合素养评价的内涵。从中职学校综合素养评价的发展过程来看,早在20世纪末就出现了对综合素养评价的改革意识。2014年,在《教育部关于加强和改进普通高中学生综合素养评价的意见》这一文件中,详细说明了综合素养评价的改革意义,文件中强调要将综合素养评价作为对学生发展的重要评判标准,综合素养评价能够全方位地审视学生个人品德等素养的观察和分析,能够有效推进学生提高综合素养。

随着各个中职院校对综合素养培养的实施,从实践经验中取得了一定的成果。2018年明确了"五育"的人才培养目标,也就是德智体美劳,这就对中职院校提出了新的挑战。基于此,中职院校综合素养评价改革是响应国家教育改革政策,是中国特色社会主义发展的需要,能够增强中职生的综合素养,是培养中职生全面发展的重要路径。

中职学生综合素养评价的意义。随着社会对中职生综合素养评价的不断关注,培养社会所需全能型、高素养人才是如今重要的难题。中职院校需要不断加强中职生综合素养的培养,建立科学、合理、完善的综合素养评价体系,从而能够更加全面、公正地对学生综合素养进行准确的评价。同时构建好综合素养评价机制,引领学生朝着健康的方向发展,培养学生树立正确的世界观、人生观、价值观,增强学生的个人品格素养,提升学生的社会竞争力,这些对为国家输送优秀的人才有着重要的意义。

三、影响中职学生综合素养评价的因素

中职院校加强中职生的综合素养评价,不仅有利于提升中职院校的教学质量,还能提升学生的综合素养的整体水平,让中职生在具备专业的知识能力的同时,还具有高尚的人格素养,提升学生在社会上的竞争力。

中职院校要想培养好学生的综合素养评价,就需要考虑影响中职生综合素养评价的因素,而影响中职学生综合素养评价的因素有很多,主要可以分为以下几个方面。

(一)对综合素养评价意义的了解

只有科学合理的综合素养评价体系,才能够发挥出综合素养评价的质量和效果,才能以公平、公正、可信度高的综合素养评价体系赢得社会的认可,这样才能保障对学生的综合素养评价有章可循,有利于提高中职院校对人才培养的质量。基于此,对综合素养评价具有深入了解的中职院校,才会更加注重学生的综合素养评价工作,才会积极创新、开展、落实学生综合素养评价的工作,不仅能够实现培养全能型人才的目标,还能提升中职院校的教育水平,让中职院校能够长远可持续发展。

(二)评价的及时性

中职院校要想发挥出学生综合素养评价的作用和效果,就需要加强对学生综合素养评价的管理与落实。对学生综合素养评价工作实施的各个阶段进行监督,完善学生综合素养评价体系,让学生综合素养评价更具科学性和合理性,同时也能够让学生意识和了解到自身存在的问题,还需要往哪些方面努力,为学生指明了健康发展的方向,从而让学生能够改善自身的不足,朝正确的方向发展。

(三)评价的内容涉及范围

学生综合素养评价的评价内容不应仅仅局限于学生的学习成绩,还要考虑多方位的评价,包括人格素养、道德品质等。如今的社会更加看重全能型的高素养人才,不仅需要中职生具备优秀的专业知识水平能力,还需要具备高尚的个人品格,因此,在学生综合素养评价的评价内容上还需要更具广泛性,涵盖学生全方位的素养评价。

四、中职学生综合素养评价的现状

（一）缺乏对学生综合素养评价的重视度

部分中职院校对学生综合素养评价不重视，主要是对综合素养的了解不够深入，无法体会其中的内涵。由于进入中职院校的学生除了高中毕业生以外，还包括了中专、技工学校等毕业生，学生的学习能力不同，存在个体差异大的特点，文化课相对比较薄弱，这些因素导致学生的家长对学生的学习没有寄托很大的希望，出现学生不愿意学习、家长不重视、老师教学注重形式化的现象，没有让学生真正学习到知识技能，无法达不到教学质量的效果，这些因素都影响着综合素养评价发挥出积极的作用，使得综合素养评价工作无法顺利地进行。

（二）综合素养评价内容不全面

我国中职院校具有院校数量多、教学水平不均衡等特征，因此各个院校对综合素养评价的投入也有所不同。受资金和院校重视度等因素的限制，在综合素养评价内容比较单一，没有进行系统的规划，这就导致很多中职院校在对学生综合素养评价工作的质量、效果存在不理想的情况，学生综合素养评价的效果不明显的问题。同时，综合素养评价内容单一，就会出现综合素养评价内容涵盖不广泛的问题，比如对创新、精神素养、实践能力水平没有具体的评判标准，缺少这些评价很难达到社会所需人才的要求，这也是中职院校需要重点解决的问题，不利于培养学生的德智体美劳的全面发展，无法发挥出学生综合素养评价的作用，也就无法实现人才培养的目标，导致培养学生的发展方向出现了偏差，无法提高学生的综合素养。中职院校应该积极完善综合素养评价的内容、设计出科学、合理的综合素养评价的内容，从而培养出时代所需要的全能型人才。

（三）中职院校没有明确人才培养的目标

只有确定了人才培养目标,才能够保障人才培养的质量。中职院校的人才培养模式主要是培养学生的专业技能的理论知识和实践能力,而对社会所需的综合素养的培养不够,没有符合社会的发展需求,缺乏科学和理性的认知。其次一些中职院校在构建学生综合素养评价的体系中,更加侧重于基础知识的理论知识的评价,缺乏对学生的品格素养的评价,不利于学生综合能力的发展,无法培养出全能型、高素养的人才。因此中职院校还需要完善人才培养的体系结构,注重综合素养的培养,明确学生综合素养的培养目标。

（四）缺乏统一的综合素养评价评判标准

中职院校的奖学金等评优活动都是以学生的综合素养评价作为评选标准。为了让学生综合素养评价更具公平性,学生的综合素养评价标准就需要更加专业性、科学性、合理性。就目前而言,我国的中职院校的学生综合素养评价体系还存在一些问题。比如综合素养评价标准难以统一的问题,每个中职院校对综合素养评价的导向目标存在差异性,有的中职院校更加注重学生的成绩,忽略了学生的人格品质素养的评价,这就与培养全能型人才的培养目标有所违背。对综合素养评价的理论分析不够,这就让学生的综合素养评价存在质疑,评测结果是否能够被社会所认可,是否具有公正性还需要进一步考究。

第二节 中职生综合素养评价的原则

中职性综合素养评价体系的原则主要有四个方面,分别是:导向性原则、科学性原则、层次性原则、激励性原则。

第九章　三全育人背景下中职生综合素养评价体系建构

一、导向性原则

导向性原则主要是对学生综合素养评价体系的培养目标的完善，需要根据时代的发展要求，结合中职院校的实际情况，明确学生综合素养评价的培养目标，在加强对学生知识技能培养的基础上，强化对学生德智体美劳的教育与培养，以培养出社会所需的全能型人才，培养学生具备专业的技能知识水平和高尚的职业素养，增强学生的自身竞争力。

二、科学性原则

科学性原则主要是体现在对学生综合素养评价的模式的优化，需要注重对理论内容的科学分析，对学生综合素养评价具有客观性，使评价结果更为准确，让学生感受学生综合素养评价的公平性，学生才能够对自身的不足及时改正。

三、层次性原则

层次性原则也是对学生综合素养评价模式的改进。主要是在学生综合素养评价的实施中，不断对发展过程进行分析，让学生了解综合素养评价的意义和作用，对自身能够具有一定的认知，找准自身的优势与不足，找到自身的自我价值等。

中职院校应根据发展过程的分析，对所设计的学生综合素养评价机制进行准确的分析，不断从实践中积累经验，总结出学生综合素养评价的重点，从而设计出科学合理的学生综合素养评价体系，实现人才培养的效果。

四、激励性原则

激励性原则是通过以奖学金等奖励，激发学生积极参与到学生综合素养评价中，不断完善、约束自身行为，提升自身素养，让学生感受目标明确的成就感，从而不断提升自己。

第三节 中职生综合素养评价的策略

学生综合素养评价体系的优化,不仅是为了让评优评选更具公平性,更重要的是通过学生综合素养评价的测评结果,让学生了解自身存在的缺点,然后及时改进,从而达到提高学生综合素养的目的。

一、优化学生综合素养评价内容的广泛性

中职院校在学生综合素养评价体系中应该将德智体美劳作为优化的范围,全方位优化学生综合素养评价体系。根据社会发展的需要,完善人才培养目标,不断地规范化和标准化学生综合素养评价体系,让学生能够多维度地全面发展。这就需要中职院校既要注重对学生专业技能的评价,也要注重学生德智体美劳的评价。比如在德育的评价体系中,可以加入思想政治教育的评价,包括政治立场、树立正确的世界观、人生观、价值观,爱国精神、品质素养等思想道德素养的评价。在智育德评价体系中,加入学习成绩、专业知识能力水平、实践操作水平、图书馆阅读等专业知识能力的评价。在体育评价体系中,加入考勤、体育活动等学生身体素养的评价。在美育评价体系中,加入艺术活动、社团、创造艺术作品等学生审美能力与人文素养的评价。在劳育评价体系中,加入勤工俭学、社会实践等素养评价。拓宽学生综合素养评价体系的内容涉及面,让学生综合素养评价体系更具全面性、规范性、公平性、标准性。

二、对学生进行分层次培养

中职院校应根据自身学校的发展特色,设计出体现本校特色的人才培养体系。由于中职院校的学生的学习能力参差不齐,存在着差异性的情况,基于此,中职院校应结合学生的实际情况,对学生进行分层次教育。比如刚进入一年级的学生对中职生活和学习处于陌生和适应的阶

段,对于这个阶段的学生可以先培养学生的立德教育意识,也就是帮助学生树立正确的世界观、人生观、价值观,并对自身发展方向有一定的规划。对于已经适应中职生活的二年级学生,可以制定立德教育,主要是加强学生的专业理论知识和实践操作能力的掌握,促进学生专业技能能力的提高。对于三年级的学生,可以制定立业教育,主要是对学生的职业观和职业素养等方面的培养。对不同阶段的学生进行针对性的教育,让学生不断意识到自身哪方面存在不足,让学生了解学生综合素养评价的作用和意义,能够更好地培养学生在今后的社会中立足。

三、以就业为导向优化评价内容

在互联网时代背景下,各种文化和观念都影响着中职生的思想。中职院校需要引导学生向健康的方向发展。让学生在综合素养评价中分析自身存在的问题,养成对自身进行分析、思考的习惯,并不断提升自己。中职院校在设计学生综合素养评价体系时,需要以"一切为了学生发展"为目标进行优化设计,将学生的职业发展规划与企业所需人才相结合来设计学生综合素养评价,这样才能够保障学校所培养的人才能够与社会需求相匹配,从而让学生能够更好地解决就业问题。中职院校在设计学生综合素养评价时,需要根据市场的发展需要、企业的标准、岗位的要求等进行设计。学生综合素养评价是对学生各个方面提升的教育手段,中职院校应该尊重学生的差异性,让学生看到自身的不足,从而更能对自身目标进行定位,这样才能培养出适应社会发展的人才。同样也是让学生学会自我分析,养成良好的行为习惯。

四、完善中职生综合素养评价体系

首先是对教师课程的评价加强,有助于提升教学的质量,转变教师以成绩为主要评判标准的思想,除了注重考试成绩以外,还需要注重学生的上课情况,比如考勤、课后作业等,让学生的学习过程在学生综合素养评价中得到体现。其次是通过多个学科多角度、多方面对学生综合素养进行评价,比如让多个课程教学部门共同参与到学生综合素养评价中,共同协作,搭建中职院校数据平台,共同对学生的发展进行记录。通过多维度、多角度对学生进行评价,评价根据真实性,让学生意识到自身的不足。

综上所述,中职院校加强综合素养评价的优化,是符合社会发展的需要,是培养学生德智体美劳全面发展的重要抓手。中职院校应根据实际情况优化综合素养评价体系,让学生了解和意识到综合素养评价的作用,从而发挥出综合素养评价的作用。通过分层次教学、搭建信息化平台等措施,让学生看到自身存在的不足,进行及时改进,多方位提升学生的综合素养,培养出全能型的人才。

第四节　中职生综合素养评价的指标内容

评价革新的首要条件是建立更加完善的评价体系,其次是保证目标的科学性,树立正确的育人观念,建立系统的新评价指标体系迫在眉睫。

有学者提出,综合素质评价体系的作用应是使中等教育科学化、规范化、系统化,以达到提升学生的积极性和主动性并提高学生的个人素质的目的。其次,综合素质评价体系还可以衡量学生的职业能力,以期达到社会对于培养可持续发展人才的需求。还有学者认为,素质教育的深化、教育考试的优化、新时代教育评价的塑造都要基于综合素质评价体系,以此达到落实五育并举的作用。更有学者认为,合理的综合素质评级体系,有效地导向能力专业化方面,改变评价体系过于侧重知识层面评价的不足,满足中等职业教育的内在需求,达到人岗适配的招聘目的。

由于综合素质评价体系还在探索阶段,综合素质评价体系在研究中遇到了不少问题和挑战。有学者认为,主要集中在综合素质评价的导向作用发挥不充分,目标没有得到强调。综合素质评价功能没有得到体现,评价思维依旧"应试化"。也有学者认为目前综合素质评价体系过于侧重结果、重职业教育,轻素质教育、评价结果强调选拔和等级评定而忽视了诊断和激励、评价标准分类不明且过于强调"量化",偏离了培养目标。

此外,在综合素质评价体系的实践过程中,面临很多学校对综合素

第九章　三全育人背景下中职生综合素养评价体系建构

质评价体系落实不到位、接受度较低等问题。有学者认为评价体系欠缺,内容不完整。考核方式针对性不强,没有结合学生自身发展做相应的规划引导。从教育评价主体维度来说,学生被动参与,主体性缺失、单一,仍以教师为主,缺乏社会评价和学生自我评价。

从教育评价分类维度来说,测评的分数导向性严重,学生偏离培养的目的,反而导致功利性心态陡增,没有积分不参与活动,没有证书不积极表现等恶劣现象频出,忽略了评价育人的根本目标。评价维度上有所缺失,学校与社会和企业的供需不一致。

从评价手段维度来说,评价体系缺乏智能化信息系统的支撑,信息化手段可操作性不强,时效性不够,缺少过程控制和透明公开的操作,导致学生对评价结果存疑。从评价结果维度来说,评价效果有限,动态过程评价不足,测评的最终结果相对不够准确,成果验收困难且结果未发挥增值评价的作用。

国内学者对于科学的中职学生综合素质评价指标体系进行了多方面的尝试:部分学者依靠网络信息资源,应用 HDFS 体系框架,构建中职学生综合素质评价工具;部分学者将区块链技术和中等教育结合,依靠区块链技术创建学生综合素质评价工具;部分学者基于成果导向理念,构建以发展为中心的中职学生综合素质评价指标体系;部分学者将雷达图原理与学生五育并举的教育理念相结合,进行综合素质评价;部分学者依据现有的智慧校园系统,结合行为大数据,借助云计算、物联网、大数据、人工智能等网络信息技术,以"学生树"App 为载体,构建中职学生综合素质评价体系;部分学者利用 SOM 对学生综合素质测评结果进行聚类分析,设置不同优胜领域的函数查看结果,为构建更科学的综合素质评价指标体系提供了依据;部分学者采用支持向量机算法构建中职学生综合素质评价体系;部分学者利用改进层次分析法确定指标权重;建立中心点三角白化权函数,对指标实测值进行软化,利用 AHP 与三角白化权函数相结合的灰色评估模型对学生综合素质定性评判与量化排序;部分学者通过描述数据采集、用户建模、标签挖掘、画像聚类等一系列流程构建大学生画像集合,构建学生综合素质数字画像系统,使用可视化雷达图等工具建立岗位与综合素质匹配度;部分学者运用最小相对信息熵原理,构建与职业能力结合更紧密的评价模型,将综合测评数据构建 BP 神经网络。近年来国内不同专家学者对中职学生综合素质进行测评的方法非常丰富,评价结果都能不同程度地反映评价目的。

表 9-1 部分文献一级指标及二级指标分类情况汇总表

一级指标	二级指标
思想道德类	政治思想、道德修养、遵纪守法、学习态度等
人文素养类	人文社会知识、人文实践能力、人文精神与品质
专业素质类	专业学习成绩、专业实践能力、英语应用能力等
身心健康类	身体健康状况、体育运动水平、心理健康状况
发展素质类	科学发展能力、创新发展能力、社会发展能力
思想道德素质	思想成长、道德品质、理想信念、责任担当
专业知识素质	文化课素养、专业实训、专业学科竞赛
职业技能素质	职业资格证、职业素养、社会适应性
身心健康素质	身体素质、心理健康情况、文体活动
能力拓展素质	实习实践、志愿服务、工作履历、科技创新
基本素质	德育、智育、体育、美育、劳动素质
发展素质	能力素质、心理素质
思想道德	思想表现、团结合作、个人素养
课程学习	基础课程、必修课程、选修课程
创新设计	大赛、专利、论文
实践活动	志愿者、实习、创业
思想品德素质	思想道德素质、思想政治素质、爱国主义等
文化素质	专业相关知识、知识的应用能力等
能力素质	学习能力和实践能力
身心素质	身体素质和心理素质
思想政治素质	政治素质、道德素质、爱国精神等
专业技能素质	专业学习成绩、实习实操情况、学习态度等
职业发展素质	职业道德、职业资格证书、职业规划情况等
身心健康素质	身体健康状况、体育运动水平、心理健康等
社会人文素质	人文艺术作品、校园文化活动等
社会责任素质	社会公益活动、校内志愿活动等
思想道德	思想政治素质、道德素质、法纪素质
社会实践能力	实践态度、实践参与及成果
创新能力	创新学习能力、创新实践能力及成果
人文素质	人文理论素养、人文素质实践及成果
思想素养	政治素养、品德素养、职业理想
心理素养	进取心、抗挫能力、意志力
专业素养	文化知识、专业基础、专业技能、创新能力
行为素养	团队合作精神、敬业精神、责任心
社交素养	交际能力、沟通能力、组织协调能力

续表

一级指标	二级指标
道德品行	校园行为、公寓行为、社会公益
学业水平	理论知识、专业技能、外语计算机
职业素养	方法能力、社会能力、创新能力
身心素养	身体素质、心理健康
学业发展	知识结构、学业目标、学习能力等
职业发展	职业生涯规划、职业道德、职业能力拓展等
个人发展	个人发展目标、价值观、思想道德等
社会能力发展	责任感、与他人相处、团结协作等
思想道德	政治素质、遵纪守法、道德品质等
学生主体性	成长目标、成长规划、积极行动等
核心基础素质	读写素养、数学素养、信息素养等
发展素质	元认知能力、社交情感能力、身体实践能力
创新素质	创新意识、创造性思维、认知灵活性等
学习效果	公共课、平台课、专业课、结合实训等
思想素质	政治素质、道德素质
身心及文化素质	身体素质、心理素质、文化艺术修养
创新意识与能力	创新素质、组织管理能力、学习能力、实践能力等

（资料来源：苗玉东、张佳音、余详、韩国新，2023）

第五节　中职生综合素养评价的程序方案

中职学校的培养目标主要是为社会提供具备专业技能的技术型人才，但是新时代的发展要求下，不仅要求学生具备专业的技能，还要具备全面发展的能力。中职学生的综合素养包括德智体美劳等多个方面，因此，对综合素养的评价也是多元化的，形式更是多种多样。因此，作为一名中职教师，对学生综合素养的评价模式要从实际出发，利用不同评价方式来丰富评价机制，完善综合素养评价机制，发展学生的多样性，让评价成为学生进一步成长和发展的动力，提升学生的综合素养水平，更好地为社会发展服务。

一、多元评价模式的构建与实践的问题

第一,从当前的中职学生综合素养的评价现实来看,还存在着许多的问题。比如评价内容单一,评价的内容只有学生教材上的知识,没有给学生自主发挥的空间。或者评价机制过于程序化,没有活力,只用单纯的考试或者绩点的方式来评价,这样单一的方式就会限制学生的积极性。还有评价的方式过于武断,不注重学生成长和发展的过程,只注重单次成绩的表现,这种方式不利于观察学生在日常生活中取得的进步。因此,中职教师对学生综合素养的评价方法要先从现实问题出发,结合现实问题,找到更好的评价模式和机制。

第二,教师和学生对综合素养评价的意识不强,认为中职学生的主要任务是专业技能和知识的学习,对学生综合素养发展并不重视,这会让学生全面发展变成一句口号,也达不到教育改革的发展目标。在多年来应试教育的大环境下,综合素养在学生学习和成长的道路上往往只是应付的内容,教师和学生也没有认识到综合素养评价的重要性,只认为学生学习好,综合素养也高,但是,现实是学生成了创造力不强的"书呆子"。因此,中职教师和学生应该重视学生综合素养的培养,全面完善综合素养评价机制。

二、多元评价模式的构建与实践过程

(一)提升综合素养评价的意识

为了完善和发展综合素养评价模式,教师和学生首先要转变过去传统的教育观念,重视综合素养对学生发展的重要性和必要性,切实从思想上改变想法。教师采用多元的评价模式也增加了学生发展的可能性,可以利用多元的综合素养评价模式来增加学生发掘自身闪光点的机会。评价是推动教育改革的重要方式,评价方式的改变能够极大程度上激励学生提升综合素养,全面发展自己。教师在教学过程中也要教导学生综合素养的重要性,让学生在日常学习生活中自觉重视综合素养的评价标准。

第九章 三全育人背景下中职生综合素养评价体系建构

（二）丰富综合素养评价机制

当前中职学生综合素养的评价机制是十分单调且肤浅的，并不能激发学生自主提升综合素养的动力。目前综合素养评价大多采用单一成绩的评价方式，例如用考试的方式来评价学生，这样的方式过于武断，不能评价学生综合素养的成长。中职教师应该丰富综合素养的评价模式，不同的内容用不同的机制来评价，丰富多元的评价体系。例如从道德素养的角度出发，用成绩来评价的方式显然不适合道德素养，因此教师可以采用活动来评价学生的综合道德素养。从学生的实践活动中来观察和评价学生的道德素养。另外评价应该有过程的体现，不能只从结果出发，对学生的评价结果要尊重学生的过程。另外，对学生的评价还要多次，不能用一次的结果来评价学生，这样的评价不客观也不公平。

中职教师在对学生进行综合素养的评价时，要增加评价模式的主体。例如可以采用自评或者他评的方式，自评可以让学生对自身综合素养水平进行反省。他评包括教师评价、学生评价、家长评价等多个方面，从不同的角度来认识学生，丰富多元的评价模式。

（三）增加综合素养评价内容

综合素养的内容是多种多样的，基本上包括文化素养、专业素养以及道德素养，因此，中职教师可以增加综合素养评价的内容，从不同的角度出发来评价学生综合素养，增加多元评价模式的内容。对中职学生来说，专业素养的内容一定需要进行评价，教师根据不同学生技能方向的不同可以拓展多元的内容。当然，也十分鼓励进行学科交叉教学，进行不同学科之间的融会贯通，提升学生专业技能在不同场景下应用的能力，丰富学生研究和发展的方向。

综合素养中文化素养的评价内容也要丰富，对中职学生来说，文化素养是学生可持续发展的内生动力。增加学生文化素养的评价内容也是丰富综合素养评价内容十分重要的方面，因为中职学生学习的重心在专业技能上，对文化素养的关注度不够，因此，中职教师要根据学生的水平来增加文化素养的内容，丰富综合素养评价的内容。例如增加学生的学习能力和创新能力的评价内容，让学生从根本上提升学习的效率，提升综合素养水平。道德素养是学生立足和发展的根本,也是综合素养内容中十分重要的一项。学生的道德水平限制了学生的发展水平和高度,因此,教师要增加道德素养的评价内容,丰富多元的综合素养评价,用评价来激励学生道德素养的提升。

在中职教学过程中,多元化的综合素养评价模式的实践和探索仍在不断继续,多元的评价模式一方面不仅可以提升学生的综合素养水平,另一方面为教师发展提供了新的思路。多元的评价模式不仅可以激励学生提升综合素养,还可以进一步提升学习的积极性,从而形成一个良性循环,用评价激励成长,用学生的成长来印证评价模式的完善。总之,完善中职学生多元的评价模式首先要改变思想,从内容、机制和过程等多个方面来完善多元评价模式,让学生在多元的评价模式中逐步成长。

参考文献

[1] 迟云平. 职业生涯规划 [M]. 广州：华南理工大学出版社，2019.

[2] 德育教育学原理编写组. 德育教育学原理 [M]. 北京：高等教育出版社，2016：242.

[3] 方志勇，邵天舒，金伟林. 职业规划与创业就业指导 [M]. 北京：经济科学出版社，2022.

[4] 费长群. 中职生安全教育 [M]. 长春：东北师范大学出版社，2008.

[5] 何增光. 中职生创业密码 [M]. 广州：广东高等教育出版社，2016.

[6] 李显贵，黄懿著. 中职生学习目标的理论与实证研究 [M]. 北京：北京理工大学出版社，2019.

[7] 路小军，杨燕，李志坚. 中职生顶岗实习 [M]. 成都：电子科技大学出版社，2019.

[8] 路小军. 中职生人文素养读本 [M]. 北京：中国建材工业出版社，2016.

[9] 毛翠丽，侯银海，李明. 中职生劳动教育教程 [M]. 北京：中国民主法制出版社，2021.

[10] 任勇，陈平. 现代中职生心理故事 [M]. 厦门：厦门大学出版社，2017.

[11] 沈耀星. 中职生安全小百科 [M]. 北京：北京理工大学出版社，2021.

[12] 史耀忠. 职业素养教育的探索与实践 [M]. 北京：北京理工大学出版社，2018.

[13] 王安科. 中职生职业指导与创业教育 [M]. 兰州：兰州大学出版社，2021.

[14] 王彬，蹇华亭，汪姗姗. 中职生安全教育 [M]. 成都：西南交通大学出版社，2018.

[15] 王帆. 推动实践与创新创业能力培养[M]. 昆明：云南大学出版社有限责任公司, 2020.

[16] 王玉霞, 魏本水, 刘桂鹏. 中职生就业与创业指导[M]. 成都：四川科学技术出版社, 2019.

[17] 吴杰著. 中职生创新创业教育[M]. 成都：电子科技大学出版社, 2019.

[18] 肖汉仕. 中职生心理健康教育[M]. 长沙：湖南教育出版社, 2016.

[19] 杨筱玲. 中职生安全教育知识读本[M]. 北京：北京邮电大学出版社, 2016.

[20] 殷朝华, 马峰, 蒋红升. 中职生人文素养[M]. 成都：电子科技大学出版社, 2019.

[21] 张勇, 张正竹, 彭福吉. 中职生安全教育[M]. 北京：航空工业出版社, 2020.

[22] 陈若愚. 新时代中职生敬业精神协同培育策略研究[D]. 贵州师范大学, 2022.

[23] 方彦. 中职历史学科渗透思政教育的教学实践探讨[J]. 亚太教育, 2022（17）：31-33.

[24] 方圆. 对中职学生职业素养培养的思考与实践[J]. 生活教育, 2018（8）：2.

[25] 付祥凤. 初中《道德与法治》课教学中学生劳动意识的培养研究[D]. 开封：河南大学, 2020.

[26] 龚小刚. 浅谈培养中职生良好职业素养的策略[J]. 国家通用语言文字教学与研究, 2022（5）：112-113+196.

[27] 管超. 中职学生职业生涯规划的现状与改进策略[D]. 烟台：鲁东大学, 2022.

[28] 韩慧琴, 沈济人, 黄梅. 培养中职生职业技能路径探析——以中医护理技术教学为例[J]. 国家通用语言文字教学与研究, 2022（11）：131-133.

[29] 韩少钦. 开展"双创"竞赛课程思政的价值、维度与路径探析[J]. 创新与创业教育, 2022, 13（4）：114-119.

[30] 韩天骄, 苏德. 劳动教育的本质解构、现实困境与可为路径——基于身体视域[J]. 现代教育管理, 2022（8）：48-57.

[31] 黄建英.新形势下中职生传统礼仪文化教育探析[J].知识窗(教师版),2022（10）:120-122.

[32] 黄秋红.基于深度学习的中职生核心素养的培养研究——以成本会计教学改革为例[J].新课程,2022（44）:111-113.

[33] 刘志雄,陈跃平.以培养护理技术应用型人才为核心的中职药理学教材改革[J].中国校外教育,2010（2）:12.

[34] 龙凤明,尧勇."三全育人"背景下中职生心理健康教育体系的建构[J].中小学班主任,2023（1）:65-67.

[35] 陆怡青.高职院校劳动教育的内涵、特征及意义[J].产业与科技论坛,2021,20（21）:93-94.

[36] 上官苗苗,李春华.论新时代劳动精神的内涵、价值与培育路径[J].思想理论教育导刊,2020（6）:22-26.

[37] 沈秀芳.有效应对优化中职毕业生就业心理指导[J].中外企业家,2019（36）:143-144..

[38] 孙莉.中职生常见心理健康问题及预防解决对策[J].学周刊,2022（31）:12-14.

[39] 王民权,梅晓妍.职业素质养成教育中课堂教学策略的探索[J].职业技术教育,2010,31（2）:47-48.

[40] 王伟.加强学生健康心理培养,全面提升学生整体素质[J].济南职业学院学报,2006（3）:86+96.

[41] 杨九旭.开展心理健康教育提高学生整体素质[J].吉林省教育学院学报(中旬),2015,31（3）:12-13.

[42] 罗开田,何光芬.职业生涯规划教育对培养当代大学生综合素养的作用[J].四川民族学院学报,2013,22（6）:94-96.

[43] 王晓垒.中职生应具备的职业素养与能力培养策略[J].现代农村科技,2022（11）:109.

[44] 王志丹,张青.基于中国传统文化背景下中职生人文素养的培养探析[J].知识文库,2022（21）:109-111.

[45] 文新华.论劳动、劳动素质与劳动教育[J].教育研究,1995(5):9-15.

[46] 闫桂春.浅谈中职生职业素养的培养[J].中国培训,2017,8（329）:11-12.

[47] 姚琢.以优秀传统文化涵养培育中职生工匠精神[J].内蒙古教

育,2022（12）:19-23+48.

[48] 银花.浅谈中职生自我教育能力的培养[J].内蒙古民族大学学报,2009,15（1）:71-72.

[49] 张素丽.培养中职生创新创业核心素养的方法探究[J].职教论坛,2020（7）:205-206.

[50] 张亚玲.中职生职业素养培养体系的构建与实施分析[J].现代职业教育,2018（33）:1

[51] 张昱.构建中职护理"校内实训,临床见习,顶岗实习"三位一体实践教学体系的探索[J].知识窗,2015（16）:43.

[52] 赵彩霞.以职业生涯规划为导向的中职生德育课堂教学探讨[J].就业与保障,2023（4）:76-78.

[53] 赵浚,田鹏颖.新时代劳动精神的科学内涵与培育路径[J].思想理论教育,2019（9）:98-102.

[54] 赵杨.创新创业实践与应用型高校人才培养研究[M].北京:中国纺织出版社,2022.

[55] 郑亚萍.基于中职生职业素养培养的中职语文阅读教学研究[J].知识文库,2023（5）:148-150.

[56] 郑子君.劳动精神在新时代的内涵和价值[J].人民论坛,2021（19）:82-84.

[57] 周洪宇,齐彦磊.新时代劳动教育的内涵特点、核心要义与路径指向[J].新疆师范大学学报(哲学社会科学版),2022（11）:1-9.

[58] 叶文挺.新时期中职生就业指导教育的着重点及对策探究[J].科技资讯,2021,19（30）:171-173.

[59] 侯硕,廖春超,张汶等.影响大学生创新创业的主观和客观因素分析[J].科技风,2023（15）:58-60.

[60] 王金勇,刁含祥."德技并修、工学结合"中职生实践教育探究[J].科学咨询(科技·管理),2021（9）:212-213.

[61] 何前伟,何宏涛,赵红鹏.新时期中职生法治教育研究[J].品位·经典,2022（17）:111-113.

[62] 许志刚.关于提升中职学生综合素养的几点看法[J].职业,2014,（35）:154.